Kauderwelsch
Band 93

Kloster Fenek in Surčin

Impressum

Dragoslav Jovanović
Serbisch – Wort für Wort
erschienen im
Reise Know-How Verlag Peter Rump GmbH
Osnabrücker Str. 79, D-33649 Bielefeld
info@reise-know-how.de

Bearbeitung Josef Overberg, Claudia Schmidt
Layout Kerstin Belz
Layout-Konzept Günter Pawlak, FaktorZwo! Bielefeld
Umschlag Peter Rump (Cover-Foto: tracker@fotolia.com)
Kartographie Iain Macneish
Fotos Fotografen@dreamstime.com
Gesamtherstellung Himmer GmbH Druckerei & Verlag, Augsburg

ISBN 978-3-8317-6461-7
Printed in Germany

Wer im Buchhandel kein Glück hat, bekommt unsere Bücher auch direkt über unseren Internet-Shop:

www.reise-know-how.de

Die Internetseiten mit Aussprachebeispielen und der Zugriff auf diese über QR-Codes sind eine freiwillige, kostenlose Zusatzleistung des Verlages. Der Verlag behält sich vor, die Bereitstellung des Angebotes und die Möglichkeit der Nutzung zeitlich und inhaltlich zu beschränken. Der Verlag übernimmt keine Garantie für das Funktionieren der Seiten und keine Haftung für Schäden, die aus dem Gebrauch der Seiten resultieren. Es besteht ferner kein Anspruch auf eine unbefristete Bereitstellung der Seiten.

Der Verlag möchte die **Reihe Kauderwelsch** weiter ausbauen und **sucht Autoren!** Mehr Informationen finden Sie unter ***www.reise-know-how.de/verlag/mitarbeit***

Kauderwelsch

Dragoslav Jovanović

Serbisch

Wort für Wort

Kauderwelsch heißt:

- Schnell mit dem **Sprechen** beginnen, auch wenn nicht immer alles korrekt ist.
- Von der **Grammatik** wird nur das Wichtigste in einfachen Worten erklärt.
- Alle Beispielsätze werden doppelt ins Deutsche übertragen: erst **Wort-für-Wort,** dann in normales Deutsch. Die Wort-für-Wort-Übersetzung hilft, die neue Sprache schneller zu durchschauen, außerdem lassen sich dadurch leichter einzelne Wörter im fremdsprachigen Satz austauschen.
- Es geht um die **Alltagssprache,** also das, was man tatsächlich auf der Straße hört.
- Die **Autoren** sind entweder Reisende, die die Sprache im Land selbst gelernt haben oder Muttersprachler.

Kauderwelsch-Sprachführer sind keine Lehrbücher, aber viel mehr als traditionelle Reisesprachführer. Wer ein wenig Zeit investiert, einige Vokabeln lernt und die Sprache im Land anwendet, wird **Türen öffnen,** ein Lächeln ins Gesicht zaubern und reichere Erfahrungen machen.

Talk to each other!

Kauderwelsch zum Anhören

Einzelne Sätze und Ausdrücke aus diesem Buch können Sie sich **kostenlos anhören.** Diese **Aussprachebeispiele** erreichen Sie über die im Buch abgedruckten QR-Codes oder diese Adresse: www.reise-know-how.de/kauderwelsch/093.

Die Aussprachebeispiele im Buch sind Auszüge aus dem umfassenden Tonmaterial, das unter dem Titel **„Kauderwelsch Aussprachetrainer Serbisch"** separat erhältlich ist – als Download über Online-Hörbuchshops (ISBN: 978-3-95852-114-8) oder als CD im Buchhandel (ISBN: 978-3-95852-364-7).

Beide Versionen erhalten Sie auch über unsere Internetseite:

- **www.reise-know-how.de**

Alle Sätze, die Sie auf dem Aussprachetrainer hören können, sind in diesem Buch mit einem 👂 gekennzeichnet.

Inhalt

Inhalt

Konversation

Anhang

Einkaufsstraße „Knez Mihajlova“ in Belgrad

Vorwort

Govori srpski da te svet razume!
Sprich Serbisch, damit die Welt dich versteht!

Diese Redewendung ist nicht überheblich gemeint, wie einmal ein Journalist behauptete. Sie ist eher hoffnungslos selbstironisch: Wer will schon diese kleine, von zehn Millionen Menschen gesprochene Sprache lernen? Eventuell derjenige, der, anders als jener Reporter, die Menschen und ihr Leben wirklich kennenlernen möchte und sich deshalb bemüht, dieses auch mit den Worten der anderen zu sagen. Für seine Bemühungen wird man spätestens dann entlohnt werden, wenn die ersten Serben völlig überrascht lächeln: Es ist nämlich gleichzeitig ein tolles Kompliment, das man ihnen macht, indem man ihre Sprache spricht. Sie werden sich dadurch revanchieren, dass sie den Touristen als Gast und gewissermaßen auch als Menschen ernster nehmen.

Vielleicht werden Ihnen Ihre eigenen Sätze oft falsch vorkommen, sprechen Sie trotzdem so viel wie möglich, nur so lernen Sie. Wer viel Kauderwelsch (oder auch tarzansrpski) redet, der wird verstanden und lernt etwas dazu. Die besten und geduldigsten Lehrer werden Ihre Gastgeber, Bekannten und Freunde in Serbien sein.

Dragoslav Jovanović

Hinweise zur Benutzung

Um eine Sprache sprechen zu können, ist es unerlässlich zu erfahren, wie sie funktioniert. In dieses Unterfangen muss schon etwas Arbeit investiert werden, die leider auch dieses Büchlein nicht ganz ersparen kann. Aber es kann beim Verstehen des Aufbaus der Sprache durch zwei Besonderheiten helfen: durch den Grammatikteil und durch seine Wort-für-Wort-Übersetzungen.

Grammatik

Grammatik zu büffeln führt, wie wir aus der eigenen Schulerfahrung wissen, nicht unbedingt dazu, dass man nach dem letzten Kapitel losplaudert. Lesen Sie sie durch, damit Sie wissen, was interessant und was schwierig ist, und vor allem, wo es steht.

Wort-für-Wort-Übersetzung

In der Wort-für-Wort-Übersetzung wird erkennbar, wie logisch – oder auch wie seltsam – die Sätze und Formen des Serbischen aufgebaut sind. Genau so kann man selbst unendlich viele Sätze produzieren.

Konversation

Die Sätze im Konversationsteil sind nicht nur ein Vorrat an Sprüchlein für alle Lebenslagen, vielmehr sollen sie als Steinbruch für die eigene Sprachproduktion dienen. Wenn daran etwas nicht klar ist, dann kommt der Grammatikteil ins Spiel! Den Großteil habe ich aus der einfachen Umgangssprache gefischt, denn manchmal kommt auch die Alltagssprache recht verworren daher.

Als Schrift verwende ich in diesem Büchlein die in Serbien neben dem kyrillischen Alphabet weit verbreitete und orthographisch genormte Lateinschrift. Wichtige kyrillische Aufschriften finden Sie in den entsprechenden Konversationskapiteln.

Noch ein Tipp zum Wortschatz: fast jedes Fremdwort des Deutschen kennt man auch im Serbischen (muzika, aktuelan, momenat, aparat, interesantno), und dazu noch viele Lehnwörter aus dem Deutschen (štimati, ratkapna, majstor, farba, zihernadla, brusthalter). Also, ruhig improvisieren!

Umschlagklappen

Die Umschlagklappe hilft, die wichtigsten Sätze und Formulierungen stets parat zu haben. Hier finden sich außerdem die wichtigsten Angaben zur Aussprache und die Abkürzungen, die in der Wort-für-Wort-Übersetzung und in den Wörterlisten verwendet werden; weiterhin eine kleine Liste der wichtigsten Fragewörter, Richtungs- und Zeitangaben. Aufgeklappt ist der Umschlag eine wesentliche Erleichterung, da nun die gewünschte Satzkonstruktion mit dem entsprechenden Vokabular aus den einzelnen Kapiteln kombiniert werden kann.

Wenn alles nicht mehr weiter hilft, dann ist vielleicht das Kapitel „Nichts verstanden? – Weiterlernen!“ der richtige Tipp. Es befindet sich ebenfalls im Umschlag, stets bereit, mit der richtigen Formulierung für „Ich verstehe leider nicht“ oder „Können Sie das bitte wiederholen?“ auszuhelfen.

Leute & Sprache

Irgendwo in Südosteuropa liegt die Heimat von Bohnensuppe, ćevapčići und šljivovica. Sportfans kennen vielleicht noch den unaussprechlichen Fußballclub Crvena zvezda *(Roter Stern)* aus Belgrad, Autofreaks und Tramper den einst berüchtigten autoput. Die Geschichtskenner wissen, dass die Völker in dieser Gegend schon mal aufeinanderschlagen. Wie neulich wieder. Dann schauen wir empört zu und stellen fest, wie wenig wir verstehen, obwohl doch viele unserer Nachbarn und Kollegen aus diesem Land kommen. Und obwohl, wie ich meine, gerade uns Geschichte und Geographie gar nicht so fremd vorkommen dürften: Mitten unter Nachbarn und oft seit ewig mit ihnen gut gemischt, zahlreicher als die meisten von ihnen einzeln, kleiner als alle gemeinsam. Da muss man das Zusammenleben, innen wie außen, immer wieder mühsam neu erfinden.

Viel Gelegenheit hatten die Serben dazu allerdings nicht. Der Balkan war Manövrier- und Kolonialgebiet für das Osmanische Reich, das habsburgische Österreich-Ungarn und die Republik Venedig. Diese haben allerorts kulturelle Reichtümer hinterlassen, aber auch Narben im Selbstverständnis. Die selbstbewussten Montenegriner (crnogorci) kämpften sich in ihrem „Schwarzen Gebirge“ (Crna Gora) an der Adria immer wieder los, das ser-

Seitenzahlen

Um Ihnen den Umgang mit den Zahlen zu erleichtern, wird auf jeder Seite die Seitenzahl auch auf Serbisch angegeben.

bische Kernland Srbija wurde nach seinem politischen Verschwinden im späten Mittelalter erst im Laufe des 19. Jahrhunderts wieder selbstständig. Das wiedererstandene Land weckte das Interesse Goethes und der Romantiker, und exportierte ganz nebenbei die Vokabeln vampir und paprika nach Westeuropa.

Ein Versuch des Zusammenlebens mit Nachbarn und Verwandten war Jugoslawien, entstanden erst als Königreich 1918, und dann erneut 1945 unter kommunistischen Vorzeichen. Dessen tragisches Ende kam 1991. Seitdem versuchen es alle eher mit gegenseitiger Abgrenzung. Nach dem Zerfall des gemeinsamen Staates mit Slowenen, Kroaten, bosnischen Muslimen und Makedonen trennte sich 2006 auch noch Montenegro, so dass Serbien jetzt wieder wie schon vor dem Ersten Weltkrieg ein Einzelstaat ist. Seit 2008 ist das Land auch mit der Unabhängigkeitserklärung des Kosovo und deren vielfachen diplomatischen Anerkennung konfrontiert.

In der Republik Serbien leben etwa 7,5 Millionen Serben (srbi bzw. srbijanci), im Kosovo, dem Amselfeld an der albanischen Grenze, leben fast zwei Millionen Albaner.

Umgekehrt gab und gibt es in allen Nachbarstaaten kleine und große Gruppen von Serben: insbesondere rund zwei Millionen in den ex-jugoslawischen Nachbarrepubliken Bosnien-Herzegowina und Kroatien, von denen aber 700.000 während des Krieges nach Serbien flüchteten, aber auch nach Westeuropa zu den Hunderttausenden gastarbajteri.

Die Bezeichnung srbi *bezieht sich auf die Serben ganz allgemein,* srbijanci *hingegen auf die Bevölkerung der Republik Serbien.*

Die politischen und nationalen Grenzen sind also vielfältig, fließend, zerrissen. Parallel dazu sind die religiösen Grenzen: Die Serben und die Montenegriner sind orthodox, gehören also der christlichen Ostkirche an, die Kroaten sind katholisch, und die bošnjaci bzw. muslimani islamisch. Was sie eint, ist die gemeinsame Basis ihrer Hochsprachen: srpski, hrvatski, bosanski und seit neuestem auch crnogorski. Wer also Serbisch lernt, kann gleichzeitig fast perfekt Kroatisch und Bosnisch, und umgekehrt, so wie man britisches, amerikanisches und australisches Englisch kann. Paradoxerweise, heißt es, versteht man sich daher so schlecht, weil man sich so gut versteht.

Auch die Sprache der Serben ist wieder zweigeteilt. Im Westen (Westzipfel Serbiens, Montenegro, bei den bosnischen und kroatischen Serben) spricht und schreibt man wie bei Kroaten und Muslimen den so genannten *ije*-Dialekt, im Osten (Serbien) den *e*-Dialekt.

Daran erkennt man den politisch-kulturellen (und eben nicht linguistischen) Charakter der Sprachunterscheidung.

im Westen	im Osten	
smiješan	smešan	*lustig*
smješkati se	smeškati se	*lächeln*
smijati se	smejati se	*lachen*
razumijem	razumem	*ich verstehe*
razumjeti	razumeti	*verstehen*
razumio	razumeo	*verstanden*

Im vorliegenden Kauderwelsch-Band halte ich mich an die östliche Variante, also den *e*-Dialekt (bzw. *„Ekavisch"*). Das hat Vorteile: Er ist, wie man sieht, regelmäßiger, man muss somit keine Extra-Regeln für die Beugung lernen. Alle akzeptieren gerade diese Variante als das „echte" Serbisch, denn sie wird von der Mehrheit der Serben, insbesondere in der Metropole Beograd mit zwei Millionen Einwohnern – einem Fünftel der Gesamtbevölkerung – gesprochen und geschrieben. Und es ist die offizielle Sprachform der Republik Serbien.

Das Alphabet

Der besondere (halb-) offizielle Status der Lateinschrift in Serbien ist der Grund dafür, dass wir in diesem Buch anders als bei anderen Sprachen mit kyrillischer Schrift keine auf dem Deutschen basierende Umschrift verwenden. Eine solche Umschrift könnten Serben in der Regel nicht lesen, und sie würde befremdlich wirken. Auch für den deutschen Benutzer wäre dadurch nicht viel gewonnen, denn die Lateinschrift ist außerordentlich lautgetreu, und man begegnet ihr auch im Land selbst.

Im alten Jugoslawien waren die Lateinschrift und die kyrillische Schrift auf Bundesebene gleichberechtigt. In den einzelnen Republiken wurde dies aber bereits damals unterschiedlich gehandhabt. So war in Serbien, wo die kyrillische Schrift aufgrund ihrer ostkirchlichen Wurzeln eine tausendjährige Tradition hat, im täglichen Leben die Lateinschrift ebenfalls sehr gebräuchlich. In Montenegro und bei den Serben in Bosnien und Herzegowina und Kroatien war die Lateinschrift noch gebräuchlicher als in Serbien. Mit dem ethnischen Konflikt kam dann die Wiedergeburt der Traditionen. Nach der neuen Verfassung Serbiens ist nur noch die kyrillische Schrift im amtlichen Gebrauch. Die Lateinschrift wird aber im Alltag weiterhin benutzt und ist allen vertraut.

Zwischen den beiden Schriften gibt es eine Eins-zu-eins-Übereinstimmung:

a	А, а	**j**	Ј, ј	**s**	С, с
b	Б, б	**k**	К, к	**t**	Т, т
v	В, в	**l**	Л, л	**ć**	Ћ, ћ
g	Г, г	**lj**	Љ, љ	**u**	У, у
d	Д, д	**m**	М, м	**f**	Ф, ф
đ	Ђ, ђ	**n**	Н, н	**h**	Х, х
e	Е, е	**nj**	Њ, њ	**c**	Ц, ц
ž	Ж, ж	**o**	О, о	**č**	Ч, ч
z	З, з	**p**	П, п	**dž**	Џ, џ
i	И, и	**r**	Р, р	**š**	Ш, ш

Aussprache & Betonung

Serbisch zu lesen ist kein Problem. Man sollte sich nur folgendes merken:
- Jedem Buchstaben entspricht immer nur ein Laut, und jedem Laut genau ein Buchstabe.
- Jeder Buchstabe wird einzeln ausgesprochen. Ein guter Anlass, um die deutschen Kombinationen wie ei, eu, st, sp beim Serbisch-Sprechen zu vergessen. So einfach ist es: neutralan = *„ne-u-tralan"*, aber keinesfalls *„noj-tralan"*.

Selbstlaute

Die serbischen Selbstlaute gibt es auch im Deutschen: a, e, i, o, u. Allerdings haben e und o eine etwas andere Klangfarbe:

e	immer offen und deutlich wie in „Ähre" oder „Ebbe", niemals geschlossen wie in „Ehre" oder gemurmelt wie in „Ebene"
o	offen wie in „offen", niemals geschlossen wie in „Ofen"

Leider sieht man es dem Wort nicht an, ob ein Selbstlaut lang oder kurz auszusprechen ist: lang grad *„Stadt", aber kurz* grad *„Hagel".*

Die serbische Cola klingt für Deutsche wie „Kokka-Kolla", die deutsche für Serben wie „Kuuka-Kuula".

Eine vorprogrammierte Schwierigkeit bereitet das r, und zwar dann, wenn es von Mitlauten umgeben ist. Dann gilt es als Quasi-Selbstlaut und kann sogar eine betonte Silbe bilden. Es geht um Wörter wie crkva *(Kirche)*, četrnaest *(vierzehn)* oder srpski *(Serbisch)*. Sprechen Sie zunächst vor oder nach dem r ein dumpf gemurmeltes „e“ wie in „Mutter“ und versuchen Sie anschließend, diesen „Hilfslaut“ nach und nach ganz wegzulassen. Das r wird dabei natürlich gerollt.

Betonung

Das Serbische hat anders als das Deutsche einen musikalischen Akzent. Die betonte Silbe wird dabei weniger durch die Lautstärke als vielmehr durch einen besondere Tonverlauf (Melodie, Kontur) hervorgehoben. Eine solche Melodie kann je nach Wort oder Beugungsform steigend oder fallend (in Bezug auf die Anfangs-Tonhöhe der Silbe) sein und kommt in langen und in kurzen Silben vor. Bei den unbetonten Silben eines Wortes spielt der Ton dagegen keine Rolle.

Eine so gekennzeichnete Silbe kann also kurz-steigend, kurz-fallend, lang-steigend oder lang-fallend betont sein.

Fehler beim Ton stören aber nur selten die Kommunikation. Daher wird in diesem Buch lediglich die betonte Silbe angegeben, und zwar mit einem Strich (_) unter dem jeweiligen Selbstlaut. Als Faustregel gilt: Die letzte Silbe wird nie betont.

Viele serbische Kurzwörter bilden mit dem vorangehenden Wort eine Art Solidargemeinschaft, indem das erste Wort die Verantwortung für die Betonung der Wortgruppe trägt, z. B. ja sam *(ich bin)*. Verhältniswörter ziehen dadurch manchmal sogar die Betonung des folgenden Hauptwortes an sich, z. B. kod kuće, und nicht etwa kod kuće *(zu Hause)*.

Mitlaute (Konsonanten)

In der folgenden Tabelle werden nur die Mitlaute erläutert, die anders als im Deutschen ausgesprochen werden.

c	„(t)z" in „Pla**tz**", „c" in „**C**äsar"; nie wie „k": **plac, cezar**
č	„tsch" in „Deu**tsch**", „**Tsch**eche": **čeh**
ć	weicher als „tsch", fast wie „tch" in „Brö**tch**en": **Bata Ilić**
dž	stimmhaft, „dsch" in „**Dsch**ungel": **džungla**
đ	weicher als „dsch", fast wie „dch" in „Mä**dch**en": **Mađarska**
h	„ch" in „Kra**ch**": **krah**
j	immer wie in „**J**ugoslawien", „**J**acke" **Jugoslavija, jakna**
lj	„lj" in „a**llj**ährlich" bzw. „ll" in „Bi**ll**ard", aber als einheitlicher Laut: **biljar**
nj	„gn" in „Kampa**gn**e", „Si**gn**orina", aber als einheitlicher Laut: **kampanja, sinjorina**
r	immer gerollt gesprochen wie in Bayern: **srpski**
s	stimmlos, „ß" in „Ma**ß**" bzw. „ss" in „Ka**ss**e": **šuster, kasa**
sp	„sp" in „Ra**sp**el", niemals „schp": **sport**
st	„st" in „Ha**st**", niemals „scht": **student**

Für lj *und* nj *gibt es einen guten Tipp: so zuckersüß sprechen wie die Tante mit den Kleinkindern: „Nja, dju süßes Kljeinjes!" Na, klebt die Zunge am Gaumen? Voilà!*

š	stimmlos, „sch" in „**Sch**uppen": **šupa**
v	immer „w" in „**W**äsche", „v" in „**V**ampir", niemals „f": **veš, vampir**
z	stimmhaft, „s" in „Ho**s**enträger" oder „**S**emmel", niemals „z": **hozntregeri**
ž	stimmhaft, „j" in „**J**ournal" oder zweites „g" in „Gara**g**e": **žurnal, garaža**

Der Unterschied zweischen č und ć ist nicht nur für Ausländer kaum hörbar. Auch viele Serben wissen nicht, wie man ćevapčići *(Fleischröllchen vom Rost, sehr lecker!)* richtig schreibt. Bei dž und đ ist es ähnlich.

Ausdrücke, die weiterhelfen

Pardon, ...	Pardon, ...
Molim Vas ...	Hallo, bitte, ...
Gde je ... ?	Wo ist ... ?
Gde ima ... ?	Wo gibt es ... ?
Ima li ovde ... ?	Gibt es hier ... ?
Šta je to?	Was ist das?
To je ...	Das ist ...
Mogu li?	Kann ich? Darf ich?
Mogu li pušiti?	Darf ich rauchen?
Da.	Ja.
Ne.	Nein.
Evo!	Da (ist es)!
Evo ti!	Da hast du es!
Evo Vam!	Da haben Sie es!
Na!	Nimm!

Zahl & Geschlecht

Ein Kennzeichen des Serbischen ist, dass sich die meisten Wörter je nach dem Satzzusammenhang, in dem sie stehen, ihre Form verändern und so eine besondere Zeit, ein Geschlecht, einen Fall ausdrücken. Sie verändern sich am Schluss des Wortes, in der Endung. Es gibt, wie im Deutschen, für alle Haupt- und Eigenschaftswörter sowie für manche Frage- und Fürwörter drei Geschlechter: männlich *(m)*, weiblich *(w)* und sächlich *(s)*, dazu jeweils Einzahl *(Ez)* und Mehrzahl *(Mz)*.

Zu Beginn des Grammatikteils schon mal eine gute Nachricht: Es gibt im Serbischen keine festgelegte Reihenfolge der Wörter im Satz. Bei einfachen Sätzen kann man sich an die deutsche Satzstellung halten, muss dies aber nicht.

Nebenstehend die typischen Endungen in der Grundform.

Geschlecht	Einzahl	Mehrzahl
männlich	Mitlaut	**-i**
weiblich	**-a**	**-e**
sächlich	**-o** *oder* **-e**	**-a**

Zahl und Geschlecht von zusammengehörigen Haupt-, Frage-, Für- und Eigenschaftswörtern stimmen im Satz immer überein:

Einzahl

m	**On je moj dobar prijatelj.** Er ist mein guter Freund.
w	**Ona je moja dobra prijateljica.** Sie ist meine gute Freundin.
s	**Ono je moje dobro dete.** Es ist mein gutes Kind.

Mehrzahl

Ab und zu tanzen die Endungen ziemlich aus der Reihe, da hilft dann kein Reimschema mehr. In solchen Momenten kommt man mit beherztem Kauderwelsch weiter als mit zögerlicher Pedanterie.

m	**Oni su moji dobri prijatelji.** Sie sind meine guten Freunde.
w	**One su moje dobre prijateljice.** Sie sind meine guten Freundinnen.
s	**Ona su moja dobra deca.** Sie sind meine guten Kinder.

Hauptwörter (Substantive)

Das Geschlecht der Hauptwörter ist in verschiedenen Sprachen höchstens per Zufall mal das gleiche. Es ist im Serbischen wichtig, den Endbuchstaben zu beachten. Artikel *(der, die, das; ein, eine)* gibt es übrigens nicht.

Internationale Begriffe auf Selbstlaut (außer -a*) wie z. B.* bife *(Buffet),* taksi, auto, radio *sind männlich.*

	Einzahl		Mehrzahl	
m	Mitlaut	**prijatelj** Freund	**-i**	**prijatelji** Freunde
w	**-a**	**prijateljica** Freundin	**-e**	**prijateljice** Freundinnen
s	**-o**	**jelo** Speise	**-a**	**jela** Speisen
	-e	**more** Meer		**mora** Meere

Die Endung -ovi *bekommen vielfach einsilbige männliche Wörter.*

Ausnahmen:

	Einzahl		Mehrzahl	
m	Mitlaut	**grad** Stadt	**-ovi**	**gradovi** Städte
w	Mitlaut	**stvar** Ding	**-i**	**stvari** Dinge

Persönliche Fürwörter & Hilfsverb „sein“

Die persönlichen Fürwörter (Personalpronomen) entsprechen bis auf zwei Ausnahmen der deutschen Einteilung. Im Serbischen verwendet man für die höfliche Anrede „Sie“ die Form Vi *(ihr)*. Für das „sie“ der Mehrzahl gibt es je nach Geschlecht verschiedene Formen.

ja	ich	**mi**	wir
ti	du	**vi / Vi**	ihr / Sie *(höfl.)*
on	er	**oni**	sie *(m Mz)*
ona	sie *(w Ez)*	**one**	sie *(w Mz)*
ono	es	**ona**	sie *(s Mz)*

Ähnlich wie „man“ im Deutschen funktioniert das rückbezügliche Fürwort se *(sich)*.

zusammen mit dem Hilfsverb „sein“

ja sam	ich bin	**mi smo**	wir sind
ti si	du bist	**vi ste**	ihr seid / Sie sind
on je	er ist	**oni su**	sie sind *(m)*
ona je	sie ist	**one su**	sie sind *(w)*
ono je	es ist	**ona su**	sie sind *(s)*

Die Grundform des Hilfsverbs „sein“ ist biti.

Petar i Jovan – oni su prijatelji. (sie, *m Mz*)
Peter und Johannes – sie sind Freunde.

Vera i Ana – one su prijateljice. (sie, *w Mz*)
Vera und Anna – sie sind Freundinnen.

Persönliche Fürwörter & Hilfsverb „sein“

Da sich im Serbischen alle Personenformen der Verben (einschließlich des Hilfsverbs biti*) unterscheiden, lässt man die persönlichen Fürwörter für das Subjekt (den Satzgegenstand) üblicherweise weg bzw. setzt sie nur zum Zweck der Hervorhebung.*

Ja sam prijatelj.
ich bin Freund
Ich bin ein Freund.

Prijatelj sam.
Freund bin
Ich bin ein Freund.

Tako je!
so ist
So ist es!

Kako ste?
wie seid
Wie geht es euch / Ihnen?

Kako si?
wie bist
Wie geht's dir?

Hvala, dobro sam.
Dank gut bin
Danke, es geht mir gut.

Verneinung von „sein“

Die Verneinung von „sein“ erfolgt mit der betonungstragenden Vorsilbe ni-.

(ja)	**nisam**	ich bin nicht
(ti)	**nisi**	du bist nicht
(on)	**nije**	er ist nicht
(ona)	**nije**	sie ist nicht
(ono)	**nije**	es ist nicht
(mi)	**nismo**	wir sind nicht
(vi)	**niste**	ihr seid / Sie sind nicht
(oni)	**nisu**	sie sind nicht *(m)*
(one)	**nisu**	sie sind nicht *(w)*
(ona)	**nisu**	sie sind nicht *(s)*

(Mi) nismo prijateljice.
(wir) nicht-sind Freundinnen
Wir sind keine Freundinnen.

Kako je?
wie ist
Wie ist es?

Nije dobro.
nicht-ist gut
Nicht gut.

Eigenschaftswörter

Eigenschaftswörter (Adjektive) beziehen sich in Zahl und Geschlecht immer auf das Hauptwort, das sie näher bestimmen. Die Endungen sind ja bereits bekannt.

	Einzahl		Mehrzahl	
m	**dobar**	**loš**	**dobri**	**loši**
	guter	schlechter	gute	schlechte
w	**dobra**	**loša**	**dobre**	**loše**
	gute	schlechte	gute	schlechte
s	**dobro**	**loše**	**dobra**	**loša**
	gutes	schlechtes	gute	schlechte

Hier einige häufige Eigenschaftswörter:

nov, nova, novo	neu
mlad, mlada, mlado	jung
star, stara, staro	alt
mali, mala, malo	klein
velik, velika, veliko	groß
skup, skupa, skupo	teuer
jeftin, jeftina, jeftino	billig
mek, meka, meko	weich
tvrd, tvrda, tvrdo	hart

Männliche Adjektive weichen gelegentlich leicht von den anderen Formen ab, z. B. durch ein eingefügtes sogenanntes „bewegliches a“.

Eigenschaftswörter

umoran, umorna, umorno	müde
svež, sveža, sveže	frisch
ružan, ružna, ružno	hässlich
lep, lepa, lepo	schön
prazan, prazna, prazno	leer
pun, puna, puno	voll
srećan, srećna, srećno	glücklich
tužan, tužna, tužno	traurig
težak, teška, teško	schwer, schwierig
lak, laka, lako	leicht, einfach
bolestan, bolesna, bolesno	krank
zdrav, zdrava, zdravo	gesund
topao, topla, toplo	warm
hladan, hladna, hladno	kalt
zao, zla, zlo	böse, schlecht
drag, draga, drago	lieb, nett
debeo, debela, debelo	dick
tanak, tanka, tanko	dünn
ceo, cela, celo	ganz
pokvaren, pokvarena, pokvareno	kaputt

Männliche Eigenschaftswörtern haben außerdem eine Langform mit der Endung -i. Man kann sie von der weiblichen Form ableiten, wie etwa bei ceo – Langform celi (ähnlich wie weiblich cela). Die Langformen entsprechen im Gebrauch einem bestimmten Artikel.

Dementsprechend heißt ceo dan *„ein ganzer Tag". Diese Unterscheidung tritt aber eben nur bei männlichen Eigenschaftswörtern zu Tage.*

cela godina	**celi dan**
ganze(w) Jahr	*ganzer(m) Tag*
Das ganze Jahr	Der ganze Tag

Das Adjektiv stimmt in Sätzen mit „sein" auch als Ergänzung der Satzaussage (Prädikat) immer in Zahl und Geschlecht mit dem Satzgegenstand (Subjekt) überein.

toplo more	**More je toplo.**
warmes(s) Meer	*Meer ist warmes(s)*
das warme Meer	Das Meer ist warm.

Ovaj grad je star.	**Ovi gradovi su stari.**
dieser Stadt ist alter(m)	*diese Städte sind alte*
Diese Stadt ist alt.	Diese Städte sind alt.

Das gilt auch für das natürliche Geschlecht von Sprecher und Angesprochenem:

beim Mann:	*bei der Frau:*
Ja sam srećan.	**Ja sam srećna.**
ich bin glücklicher(m)	*ich bin glückliche(w)*
Ich bin glücklich / froh.	Ich bin glücklich / froh.

bei Männern:	*bei Frauen:*
Ti nisi bolestan.	**Ti nisi bolesna.**
du nicht-bist kranker(m)	*du nicht-bist kranke(w)*
Du bist nicht krank.	Du bist nicht krank.

Farben

beo, bela, belo	weiß
siv, siva, sivo	grau
crn, crna, crno	schwarz
žut, žuta, žuto	gelb

narandžast, narandžasta, narandžasto	orange
crven, crvena, crveno	rot
ljubičast, ljubičasta, ljubičasto	violett
plav, plava, plavo	blau
zelen, zelena, zeleno	grün
smeđ, smeđa, smeđe	braun
šaren, šarena, šareno	bunt
tamno-	dunkel-
svetlo-	hell-

Steigern

Die 1. und 2. Steigerungsform sind sehr unregelmäßig. Am einfachsten sagt man es leicht inkorrekt:

više topao / topla nego	**najviše topao / topla**
mehr warm(m/w) als	*meistes warm(m/w)*
wärmer als	am wärmsten

To možda nije lepo, ali je lakše!
das vielleicht nicht-ist schönes aber ist leichteres
Das ist vielleicht nicht schön, aber leichter.

Ansonsten wimmelt es von unvorhersehbaren Formen. Allerdings wird die Superlativ-Stufe immer vom Komparativ aus gebildet:

topao warm	**topliji** wärmer	**najtopliji** am wärmsten
lak leicht	**lakši** leichter	**najlakši** am leichtesten

dobar	**bolji**	**najbolji**
gut	besser	am besten
mali	**manji**	**najmanji**
klein	kleiner	am kleinsten
velik	**veći**	**najveći**
groß	größer	am größten

Vergleichen

(isto tako) ... kao (genauso) ... wie

Ja sam umoran kao pas.
ich bin müder(m) wie Hund
Ich bin hundemüde.

Ti si isto tako umorna kao ja.
du bist auch so müde(w) wie ich
Du bist genauso müde wie ich.

(još više) ... nego (noch mehr) ... als

Ova godina je još toplija nego ona.
diese Jahr(w) ist noch wärmere(w) als jene
Dieses Jahr ist noch wärmer als das andere.

Die 2. Steigerungsform (Superlativ) wird immer mit Hilfe der Vorsilbe naj- gebildet. Diese zieht auch den Wortakzent auf sich.

Ovo jelo nije baš najtoplije!
dieses Essen(s) nicht-ist gerade wärmstes(s)
Dieses Essen ist nicht gerade das wärmste!

Umstandswörter

Ona je lepa.
Sie ist schön.
(Eigenschaftswort)

Umstandswörter entsprechen den sächlichen Formen der Eigenschaftswörter. Sie enden also auf -o , manche auf -e.

Ona peva lepo.
Sie singt schön.
(Umstandswort)

dobro	gut (*von* dobar)
loše	schlecht (*von* loš)
tačno	genau, richtig (*von* tačan)
pogrešno	falsch (*von* pogrešan)
brzo	schnell (*von* brz)
polako	langsam

Gesteigert wird wie bei den Eigenschaftswörtern:

rado	**radije**	**najradije**
gerne	lieber	am liebsten
dobro	**bolje**	**najbolje**
gut	besser	am besten
daleko	**dalje**	**najdalje**
weit	weiter	am weitesten

Die folgenden zumeist nicht abgeleiteten Umstands- und Bindewörter sind auf der Suche nach dem richtigen Wort oft sehr praktisch:

jako	sehr; stark
veoma, vrlo	sehr
mnogo, puno	sehr, viel
više	mehr

previše	zu sehr, zu viel
dosta, prilično	ziemlich
nekako	irgendwie
uopšte	überhaupt
čak	sogar
valjda	wahrscheinlich
sasvim, potpuno	ganz, völlig
zaista, stvarno	wirklich, echt
baš	gerade, genau, richtig
jedva	kaum
malo	wenig
manje	weniger
premalo	zu wenig
isto, takođe	auch
nešto	etwas
samo	nur, lediglich
ipak	trotzdem
možda	vielleicht
sigurno	bestimmt, sicher
kobajagi, navodno	angeblich

Wenn ein Wörtchen wie previše in den folgenden Sätzen durch andere Worte aus der Liste ersetzt wird, ergeben sich eine ganze Menge qualifiziert klingender Äußerungen.

Jelo je previše skupo.
Essen ist zu-sehr teures
Das Essen ist zu teuer.

Ovde se previše puši.
hier sich zu-sehr raucht
Hier raucht man zu viel.

Besitzanzeigende Fürwörter

Besitzanzeigende Fürwörter (Possessivpronomen) werden im Satz wie Eigenschaftswörter verwendet:

mein	**moj, moja, moje**
dein	**tvoj, tvoja, tvoje**
unser	**naš, naša, naše**
euer / Ihr	**vaš, vaša, vaše**

Der Stamm des Fürworts richtet sich nach dem Besitzer *(ich, du ...)*, die Endung nach dem Besitz *(m, w, s; Ez, Mz)*.

moj prijatelj	mein Freund
moji prijatelji	meine Freunde
tvoja prijateljica	deine Freundin
tvoje prijateljice	deine Freundinnen
naše jelo	unser Essen
vaša jela	eure / Ihre Speisen

Die weiblichen Einzahlformen njezin, -a,-o, -i, -e *haben außerdem jeweils eine kürzere Variante* njen *mit den entsprechenden Endungen.*

Ez	mein	dein	sein	ihr *(w Ez)*
m	**moj**	**tvoj**	**njegov**	**njezin**
w	**moja**	**tvoja**	**njegova**	**njezina**
s	**moje**	**tvoje**	**njegovo**	**njezino**

Mz	meine	deine	seine	ihre *(w Ez)*
m	**moji**	**tvoji**	**njegovi**	**njezini**
w	**moje**	**tvoje**	**njegove**	**njezine**
s	**moja**	**tvoja**	**njegova**	**njezina**

Ez	unser	euer / Ihr	ihr *(Mz)*	wessen?
m	**naš**	**vaš**	**njihov**	**čiji**
w	**naša**	**vaša**	**njihova**	**čija**
s	**naše**	**vaše**	**njihovo**	**čije**

Mz	unsere	eure / Ihre	ihre *(Mz)*	wessen?
m	**naši**	**vaši**	**njihovi**	**čiji**
w	**naše**	**vaše**	**njihove**	**čije**
s	**naša**	**vaša**	**njihova**	**čija**

Bei Personen und Namen wird das Besitzverhältnis durch die gleichen Endungssätze wie bei den besitzanzeigenden Fürwörtern „sein" (männlich: -ov, -ova, -ovo) und „ihr" (weiblich Einzahl: -in, -ina, -ino) ausgedrückt. Auf diese Weise werden gewissermaßen Besitz-Adjektive gebildet.

Milanov, -a, -o	Milans, *von:* Milan
Mirjanin, -a, -o	Mirjanas, *von:* Mirjana
šefov, -a, -o	des Chefs, *von:* šef
mamin, -a, -o	Muttis, *von:* mama

Milan je njezin / Mirjanin / mamin prijatelj.
Milan ist ihr / Mirjanas / Muttis Freund.

Mirjana je njegova / Milanova / šefova prijateljica.
Mirjana ist seine / Milan'sche / chefische Freundin
Mirjana ist seine / Milans Freundin / die Freundin des Chefs.

Tätigkeitswörter & Zeiten

In jedem Wörterbuch stehen die Verben (Tätigkeitswörter) in der Grundform (Infinitiv), die an der Endung -ti bzw. -ći erkennbar ist. Aber natürlich treten auch sie je nach Satzzusammenhang (Zeit, Person) in veränderten Formen auf, die sich von zwei sogenannten Stammformen ableiten lassen:

von der Grundform:	von der Gegenwartszeit:
gledati schauen	**(ja) gledam** ich schaue

Da man beide Stammformen häufig benötigt, ist es ratsam, von Anfang an gleich beide zu lernen.

Während bei gledati - gledam die beiden Stämme identisch sind, sind sie bei zahlreichen anderen Verben mehr oder weniger unterschiedlich:

pisati – pišem	schreiben
voleti – volim	lieben, mögen
ići – idem	gehen

Von der Grundform, wie sie auch im Wörterbuch steht, leiten sich folgende Formen ab:

Vergangenheit	**pisa-o sam** ich schrieb / habe geschrieben
Zukunft	**pisa-ću** ich werde schreiben
Möglichkeitsform	**pisa-o bih** ich würde schreiben

Gegenwart

Die zweite Stammform vertritt den Gegenwartsstamm. Sinnvollerweise kann man von der Form für „ich" ausgehen (aber auch alle anderen Personenformen wären möglich), z. B. pišem *(ich schreibe)*, Stamm piš-. Mit diesem Stamm kombiniert man die Beugungsendungen aller Personen und erhält so die Beugungstabelle der Gegenwartszeit.

schauen	schreiben	lieben	
gledati	**pisati**	**voleti**	
gledam	**pišem**	**volim**	*ich*
gledaš	**pišeš**	**voliš**	*du*
gleda	**piše**	**voli**	*er, sie, es*
gledamo	**pišemo**	**volimo**	*wir*
gledate	**pišete**	**volite**	*ihr / Sie*
gledaju	**pišu**	**vole**	*sie (Mz)*

Es gibt nur diese drei Beugungsklassen:

a-Verben: **-am, -aš, -a, -amo, -ate, -aju**
e-Verben: **-em, -eš, -e, -emo, -ete, -u**
i-Verben: **-im, -iš, -i, -imo, -ite, -e**

Die eigentlichen Endungen sind von „ich" bis „ihr" immer gleich. Nur bei oni *(sie Mz)* muss zwischen den Klassen unterschieden werden.

Vole more.
sie-lieben Meer
Sie lieben das Meer.

Gledaju more.
sie-schauen Meer
Sie schauen das Meer an.

Die Subjekts-Fürwörter werden meist weggelassen.

Verbindet man nun mit einem Verb wie „lieben“ ein weiteres Verb („lieben, etwas zu tun“), kann man dies wie im Deutschen mit der Grundform tun. Im Serbischen ist es aber weit verbreitet, statt dessen die Konstruktion da *(dass)* + Gegenwartszeit zu benutzen, d. h. es stehen zwei gebeugte Verben in einem Satz.

Vole gledati more.
sie-lieben schauen Meer
Sie lieben es, das Meer anzuschauen.

Auch wenn die Beugung der Modalverben unregelmäßig ist, sind diese für den Sprachanfänger doch äußerst nützlich: durch geschicktes Kombinieren von „können“ und „wollen“ mit der Grundform der bedeutungstragenden Verben lässt sich nämlich die Schwierigkeit umschiffen, die passende Personenendung für das jeweilige Verb zu suchen. Dies gilt natürlich nur, wenn man die volkstümliche Konstruktion mit da *vermeidet.*

Vole da gledaju more.
sie-lieben dass sie-schauen Meer
Sie lieben es, das Meer anzuschauen.

Es folgen nun die Gegenwartsformen zweier wichtiger Modalverben:

moći	**können**
mogu	ich kann
možeš	du kannst
može	er / sie / es kann
možemo	wir können
možete	ihr könnt / Sie können
mogu	sie können

Mogu li ... ? heißt „Kann ich ... ?“, und die üblichen Antworten darauf lauten:

Može, može!
es-kann es-kann
Klar geht das!

Ne može!
nicht es-kann
Das geht nicht!

hteti	**wollen**
hoću	ich will
hoćeš	du willst
hoće	er / sie / es will
hoćemo	wir wollen
hoćete	ihr wollt / Sie wollen
hoće	sie wollen

Hoću gledati televiziju.
ich-will schauen Fernsehen
Ich will fernsehen.

Hoću da gledam televiziju.
ich-will dass ich-schaue Fernsehen
Ich will fernsehen.

Vergangenheit

Die serbische Vergangenheitskonstruktion ähnelt dem deutschen „ich habe geschaut", nur ist das Hilfsverb hier nicht „haben", sondern „sein" – (ja) sam, (ti) si usw. Der zweite Teil wird von der Grundform des Hauptverbs abgeleitet und sieht je nach Geschlecht und Zahl so aus:

Grundform:	**gleda-ti** (schauen)
Ez (m, w, s):	**gleda-o, gleda-la, gleda-lo**
Mz (m, w, s):	**gleda-li, gleda-le, gleda-la**

Bei den Vergangenheitsformen kommt es also in allen Personen darauf an, ob das Subjekt des Satzes männlich, weiblich oder sächlich ist.

Ja sam gledao / gledala.
ich bin geschauter / geschaute
Ich habe geschaut.

ti si gledao / gledala	du hast geschaut *(m/w)*
on je gledao	er hat geschaut
ona je gledala	sie hat geschaut
ono je gledalo	es hat geschaut
mi smo gledali / gledale	wir haben geschaut *(m/w)*
vi ste gledali / gledale	ihr habt / Sie haben geschaut *(m/w)*
oni su gledali	sie haben geschaut *(m)*
one su gledale	sie haben geschaut *(w)*
ona su gledala	sie haben geschaut *(s)*

Verben mit Grundformen auf -sti und -ći haben abweichende Formen für die Vergangenheit. Hier die wichtigsten:

essen	**jesti**	**jeo, jela ...**
fallen	**pasti**	**pao, pala ...**
sich setzen	**sesti**	**seo, sela ...**
sich hinlegen	**leći**	**legao, legla ...**
können	**moći**	**mogao, mogla ...**
sagen	**reći**	**rekao, rekla ...**
gehen	**ići**	**išao, išla ...**

... sowie sämtliche Verben, die von ići *(gehen)* abgeleitet sind:

kommen	**doći**	**došao, došla ...**
weggehen	**otići**	**otišao, otišla ...**
reingehen	**ući**	**ušao, ušla ...**
rausgehen	**izaći**	**izašao, izašla ...**
finden	**naći**	**našao, našla ...**

Auch hier wird das persönliche Fürwort weggelassen:

Već sam jela.
schon bin gegessene
Ich habe schon gegessen.

Išao sam peške.
gegangener bin zu-Fuß
Ich bin zu Fuß gegangen.

Zukunft

Für die Zukunftszeit gibt es im Serbischen mehrere Ausdrucksmöglichkeiten. Immer aber bauen sie auf dem Hilfsverb hteti *(wollen)* auf, von dem dabei die Anfangssilbe ho- der jeweiligen personengebeugten Formen gestrichen wird. Das Hauptverb kann dann in seiner Grundform folgen oder aber – in der eher volkstümlichen Variante – in Form der Konstruktion da + gebeugtes Verb. Der Unterschied zu Sätzen mit „wollen" liegt also nur im Gebrauch der Kurzform des Hilfsverbs.

On će pisati.
er er-wird schreiben
Er wird schreiben.

Mi ćemo da gledamo televiziju.
wir wir-werden dass wir-schauen Fernsehen
Wir werden fernsehen.

Die Beugungsformen des kurzen Hilfsverbs lauten also:

ja ću	ich werde
ti ćeš	du wirst
on će	er wird
ona će	sie wird
ono će	es wird
mi ćemo	wir werden
vi ćete	ihr werdet / Sie werden
oni će	sie werden *(m)*
one će	sie werden *(w)*
ona će	sie werden *(s)*

Da ja das Subjektsfürwort nur bei besonderer Hervorhebung verwendet wird, kommt die Zukunftsform in „umgekehrter Reihenfolge" recht häufig vor.

Eine dritte Konstruktion ist erforderlich, wenn das Hauptverb am Anfang des Satzes, also vor dem ću, ćeš usw. steht. Dabei fällt dann die Endung -ti der Grundform weg, und die jeweilige Personenform des Hilfsverbs wird wie eine Endung angehängt. Das Ganze wird also als ein Wort zusammengeschrieben.

Pisaće
(*aus:* **pisa(ti)** + **će**)
schreib(en)-er-wird
Er / Sie / Es wird schreiben.

Gledaćemo televiziju.
(*aus:* **gleda(ti)** + **ćemo**)
schau(en)-wir-werden Fernsehen
Wir werden fernsehen.

Bei Verben auf -ći wird die Endung nicht gestrichen, und man schreibt als zwei Wörter:

Ići ću u grad.
gehen ich-werde in Stadt
Ich werde in die Stadt gehen.

Möglichkeitsform

Diese ist entweder besonders höflich oder drückt Irreales aus.

Da li bi mi rekao gde je Brankova ulica?
ob ? würde mir gesagter wo ist Branko'sche Straße
Würdest du mir sagen, wo die Brankostraße ist?

Šta bi radila, kada bi mogla?
was würde getane wenn würde gekonnte
Was würdest du tun, wenn du könntest?

Zum Glück hat sich in der Umgangssprache für das Hilfsverb eine für alle Personen gleiche Form durchgesetzt: bi. Der zweite Teil ist derselbe wie bei der Vergangenheit. Für die Redewendung „Ich würde gerne ..." sagt man also wörtlich: „*ich würde geliebt(er/e)*":

ja bi voleo / volela	**mi bi voleli / volele**
ti bi voleo / volela	**vi bi voleli / volele**
on bi voleo	**oni bi voleli**
ona bi volela	**one bi volele**
ono bi volelo	**ona bi volela**

Die schriftsprachlichen Formen lauten übrigens:
ja bih, ti bi, on bi,
mi bismo, vi biste, oni bi.
„Würden Sie?" heißt also ganz korrekt
Da li biste?

Befehlsform (Imperativ)

Die Befehlsform wird von der zweiten Stammform, also der Gegenwart abgeleitet.

Gegenwart -am	Befehlsform -aj	
gledati – gledam	**gledaj!**	Schau! Guck!
dati – dam	**daj!**	Gib! Gib her!

Gegenwart -em / -im	Befehlsform -i	
pisati – pišem	**piši!**	Schreib!
ići – idem	**idi!**	Geh!
raditi – radim	**radi!**	Arbeite!
voleti – volim	**voli!**	Liebe!
	Voli me!	Liebe mich! Hab mich lieb!

Für die „ihr-Sie"-Form wird -te angehängt:

Dajte! Gebt! Geben Sie!
Pišite! Schreibt! Schreiben Sie!

Für die „wir"-Form wird -mo angehängt:

Gledajmo! Lasst uns schauen!
Volimo se! Seien wir nett zueinander!

Für verneinte Befehle (Verbote) benutzt man die folgende Form:

Nemoj! Tu das nicht! Lass das!
(entsprechend auch Nemojte! / Nemojmo!)

Nemoj uopšte gledati!
nicht-tu überhaupt schauen
Sieh überhaupt nicht hin!

Nemoj uopšte da gledaš!
nicht-tu überhaupt dass du-schaust
Sieh überhaupt nicht hin!

Nemojte još ići!
nicht-tut noch gehen
Geht noch nicht!

Nemojte još da idete!
nicht-tut noch dass ihr-geht
Geht noch nicht!

Landestypisch für Serbien ist dieser Ausdruck:

Hajde! Los! Komm!
(entsprechend auch Hajdete! / Hajdemo!)

Hajdemo raditi!
los-wir arbeiten
Los, lass uns arbeiten!

Hajdemo da radimo!
los-wir dass wir-arbeiten
Los, lass uns arbeiten!

Und „Befehle" an dritte Personen erteilt man hiermit:

Neka!	Lass doch! Geht schon in Ordnung!
Neka ide!	Lass ihn / sie gehen. Er / Sie soll gehen!
Neka idu!	Lass sie gehen. Sie sollen gehen!

Beachten Sie, dass hier das Hauptverb in gebeugter Form stehen muss (also weder die Grundform noch der dass-Satz).

Aspekte

In serbischen Wörterbüchern werden manche Verben mit *vo.* (vollendet) gekennzeichnet. Das liegt daran, dass sich fast jedes deutsche Verb im Serbischen mit zwei Grundformen übersetzen lässt, z. B. „zahlen" mit platiti (vollendet) und plaćati (unvollendet, *uv.*). Der Unterschied liegt im sogenannten „Aspekt", den es im Deutschen nicht gibt. Es ist nicht notwendig, diese grammatische Kategorie im Detail zu studieren; ich gebe hier nur eine Gebrauchsanweisung. Die Nuancen sind nämlich schon so wichtig, dass nicht zwei Formen des „Aspektpaares" gleichermaßen verwendet werden dürfen.

Etwas allgemeiner (aber auch abstrakter) gesagt: mit dem vollendeten Aspekt stellt man eine Handlung „ganzheitlich" bzw. mit Blick auf das Resultat dar (also ihre „Vollendung"), beim unvollendeten Aspekt geht es dagegen um den aktuellen Verlauf der Handlung.

Ich nehme das Beispiel: plaćati – platiti, weil ihm das deutsche Paar „zahlen" – „bezahlen" ein bisschen ähnelt und so vielleicht das Verständnis erleichtert. Im Deutschen kann man beides sagen: „Ich zahle." und „Ich bezahle." Der Logik des Serbischen widerspricht es aber zu sagen: „Ich bezahle." Warum? Weil man, während man zahlt, immer nur am *Ab*zahlen ist, und noch gar nicht wissen kann, ob hinterher auch tatsächlich *be*zahlt ist, ob man quitt sein wird. Das weiß man nur, wenn die Rechnung schon beglichen ist: Platio sam = „Ich habe bezahlt". Oder wenn man die feste Absicht hat, reinen Tisch zu machen: Platiću = „Ich werde bezahlen". Deshalb heißt es im Restaurant:

(Mi bi voleli) da platimo, molim!
(wir würde geliebte) dass wir-zahlen(vo.) bitte
Zahlen, bitte!

Für die Gegenwart nehme man immer den unvollendeten Aspekt, nie den vollendeten. Dieser passt nur in ganz besonderen Zusammenhängen.

Weil nämlich eine in der Gegenwart geschehende Handlung immer gerade im Verlauf ist.

Šta to radiš?
was das tust
Was tust du da?

Plaćam.
ich-zahle(uv.)
Ich zahle.

Die anderen Zeiten sind ungefährlicher. Man kann beide Aspekte verwenden. Allerdings betont der unvollendete Aspekt, dass etwas länger andauernd oder wiederholt getan wurde bzw. werden wird. Außerdem sagt er nichts darüber aus, ob es fertig wurde oder wird.

vollendet:
Platio sam.
gezahlter(vo.) bin
Ich habe bezahlt.

D. h., wir sind quitt.

unvollendet:
Plaćao sam.
gezahlter(uv.) bin
Ich zahlte. (*u. U. auch:* Ich war am Zahlen).

D. h., es wurde gezahlt, ob's bezahlt ist, steht nicht fest.

Daher für Vergangenheit, Zukunft usw. lieber den vollendeten Aspekt wählen.

Tätigkeitswörter & Zeiten

	plaćati *(uv.)* **zahlen**	**platiti** *(vo.)* **bezahlen**
Gegenwart	**Ana plaća.** Anna zahlt.	–
Vergangenheit	**Ana je plaćala.** Anna zahlte.	**Ana je platila.** Anna hat bezahlt.
Zukunft	**Ana će plaćati.** Anna wird zahlen.	**Ana će platiti.** Anna wird bezahlen.
Möglichkeit	**Ana bi plaćala.** Anna würde zahlen.	**Ana bi platila.** Anna würde bezahlen.
Befehl	**Plaćaj, Ana!** Los, Anna, zahlen! *(unhöflich)*	**Plati, Ana!** Zahl mal, Anna. *(neutral)*

Verwendet man in der Gegenwart den vollendeten Aspekt, kann es sein, dass man nicht verstanden wird. Um deutlich zu machen, dass die aktuelle Gegenwart gemeint ist, sind diese Wörtchen gut. Sie deuten immer auf den unvollendeten Aspekt hin.

sada	jetzt
trenutno	im Augenblick
momentalno	momentan
često	oft
retko	selten
ponekad	manchmal
nikad	nie
uvek	immer
stalno	stets
dugo	lange
još uvek	noch immer
svaki / celi dan / mesec	jeden / den ganzen Tag / Monat
svaku / celu godinu	jedes / das ganze Jahr

Mit dem vollendeten Aspekt in Vergangenheit und Zukunft verbindet man diese Wörtchen.

već	schon	**jedanput**	einmal
odjedanput	auf einmal	**iznenada**	plötzlich
brzo	schnell	**začas**	mal eben

Verneinung

Das Verneinungswort heißt ne und steht immer direkt vor dem Verb.

Ne volimo ovo jelo.
nicht wir-lieben dieses Essen
Wir mögen dieses Essen nicht.

Die Verneinung von biti „sein" ist ein Sonderfall und lautet nisam, nisi, nije, nismo, niste, nisu.

Ein weiterer Sonderfall ist die Verneinung von imati = „haben":

imam	ich habe	**nemam**	ich habe nicht
imaš	du hast	**nemaš**	du hast nicht

usw.

Imamo auto.
wir-haben Auto
Wir haben ein Auto.

Nemamo auto.
nicht-wir-haben Auto
Wir haben kein Auto.

Außerdem ist noch die Verneinung von hteti „wollen" unregelmäßig. Damit wird auch die verneinte Zukunftszeit gebildet:

hoću	ich will	**neću**	ich will nicht
hoćeš	du willst	**nećeš**	du willst nicht

Neću da gledam teve.
nicht-ich-will dass ich-schaue TV
Ich will nicht / werde nicht fernsehen.

Für Sätze in der Vergangenheit benötigt man die verneinten Formen des Hilfsverbs biti:

Još nisam jela.
noch nicht-bin gegessene(w)
Ich habe noch nicht gegessen.

Nisu ništa rekle.
nicht-sie-sind nichts gesagte(w Mz)
Sie *(w Mz)* haben nichts gesagt.

Ein Extrakniff besteht darin, dass in einem verneinten Satz alles verneint werden muss, was irgendwie verneinbar ist, also insbesondere die Fürwörter durch die Vorsilbe ni-:

Oni nikada ne rade ništa.
sie nicht-wann(= nie) nicht sie-machen nicht-was(= nichts)
Die tun nie was.

Festung Petrovaradin in Novi Sad

Bindewörter

Es gibt im Serbischen zwei Wörter für unser „und", nämlich i und a. Ersteres bedeutet ungefähr „und auch", man reiht damit Gleiches aneinander:

Ti i ja imamo dvadeset godina.
du und ich wir-haben zwanzig der-Jahre
Ich bin 20, und du bist (auch) 20.

Das Wörtchen a hingegen bedeutet „und aber" oder auch „während". Man stellt etwas gegenüber, man vergleicht Unterschiedliches:

Ja imam dvadeset godina, a ti imaš trideset godina.
ich habe 20 der-Jahre und du hast 30 der-Jahre
Ich bin 20, und du bist 30.

ili	oder
ali	aber
dok	während, solange
dok ne	bis
pošto	nachdem
pre nego što	bevor
pa	und dann
prvo	zuerst
onda	dann
ako	wenn, falls *(Bedingung)*
jer, zato što	denn, weil

zato	deshalb
iako, mada	obwohl
da	dass, damit, um zu
da li	ob

Viele Bindewörter sind ursprünglich Fragewörter:

kada	als, wenn *(Zeitpunkt)*
gde	wo
zašto	warum
šta	was

Ne razumem šta si rekao.
nicht ich-verstehe was bist gesagter
Ich verstehe nicht, was du gesagt hast.

Letztgenanntes Wort lässt sich in seiner Variante što auch ganz universell als Relativpronomen (bezügliches Fürwort) verwenden:

Žena što tamo sedi u kafiću je sama.
Frau was dort sie-sitzt in Café ist alleine
Die Frau, die da im Café sitzt, ist alleine.

Belgrader Panorama, von der Sava aus gesehen

Verhältniswörter & Fälle

An den Fällen beweist sich der wahre Kauderwelsch-Sprecher. Während der Korrektheits-Fanatiker grübelnd in Schönheit verstummt, plappert der kommunikative Kauderwelschler am besten alles im 1. Fall. Denn merke: Die Tabelle im Kopf bremst meistens mehr, als sie nützt! Es fällt einem Gesprächspartner bestimmt leichter, sich den richtigen Fall selbst zu denken, als abzuwarten, bis man beim „Herunterdeklinieren" auf den *Instrumental Plural Femininum* gestoßen ist. Wie sagte Oma so richtig?

Ćuran je mislio pa umro.
Truthahn ist gedachter dann gestorbener
Der (eingebildete) Puter dachte nach und dachte nach ... und starb.

Mit dem Prinzip der Fälle sollten Sie sich dennoch vertraut machen. Darum geht es also:

Je nach der Rolle, die die Fälle im Satz spielen (z.B. *wer* tut *womit wem was* an), verändern sich sowohl die Hauptwörter wie grad *(Stadt)* als auch die Eigenschaftswörter wie nov (neu), Fürwörter wie ovaj *(dieser)* und manche Fragewörter wie koj(i) *(welcher)*. Sie stehen also „gebeugt", also mit veränderter Wortform bzw. -endung, in einem bestimmten „Fall":

Verhältniswörter & Fälle

Die im Deutschen verwendeten Fälle stehen in Klammern.

Ovaj grad je nov.	*1. Fall*
Diese Stadt ist neu.	*(1. Fall)*
Mi smo u ovom novom gradu.	*6. Fall*
Wir sind in dieser neuen Stadt.	*(3. Fall)*
Ona je moja dobra prijateljica.	*1. Fall*
Sie ist meine gute Freundin.	*(1. Fall)*
Ja verujem mojoj dobroj prijateljici.	*3. Fall*
Ich glaube meiner guten Freundin.	*(3. Fall)*

Das ist also im Grunde wie im Deutschen auch: Wer ein bestimmtes Verb oder Verhältniswort benutzt, muss die Endungen der damit zusammenhängenden Haupt- und Fürwörter abwandeln. Nach der tieferen Bedeutung der Fälle sollten wir hier nicht suchen, sie wäre auch für die Sprachpraxis völlig nutzlos. Wichtig ist, welcher Zusammenhang welchen Fall erforderlich macht.

Was ist also im Serbischen anders als im Deutschen? Zunächst einmal gibt es im Deutschen vier Fälle, im Serbischen aber sieben! Sie werden klassischerweise in dieser Reihenfolge und mit diesen Namen angeführt:

1. (Nominativ)	**drug**	der Freund
2. (Genitiv)	**druga**	des Freundes
3. (Dativ)	**drugu**	dem Freunde
4. (Akkusativ)	**druga**	den Freund
5. (Vokativ)	**druže!**	O du Freund!
6. (Lokativ)	**drugu**	z. B. **o drugu** über den Freund
7. (Instrumental)	**drugom**	z. B. **sa drugom** mit dem Freund

Im Allgemeinen ähnelt der Gebrauch der ersten vier Fälle dem der entsprechenden deutschen. Mit den drei zusätzlichen Fällen ist es so: der 6. Fall hat immer dieselbe Endung wie der 3. Fall. Deshalb fasse ich beide stets zusammen (3 = 6). Alles Wissenswerte über den 5. Fall (Vokativ, „Ruf-Fall") steht im Kapitel „Anrede". Ich lasse ihn hier weg, denn er ist reichlich unregelmäßig. Mit dem 7. Fall drückt man Hilfsmittel (Instrumente, Fahrzeuge) aus, mit denen die Handlung des Satzes bewerkstelligt wird („mit Hilfe von") – und zwar ohne Verhältniswort! Beispiele dazu finden Sie im Kapitel „Unterwegs".

Nach einem bestimmten Verhältniswort (Präposition) oder einem bestimmten Verb steht immer ein ganz bestimmter Fall. Leider ist das im Serbischen oft ein anderer als im Deutschen:

Govorimo ...	Wir reden ...
... o drugu.	... über den Freund.
(6. Fall)	*(4. Fall)*
... sa drugom.	... mit dem Freund.
(7. Fall)	*(3. Fall)*
... posle druga.	... nach dem Freund.
(2. Fall)	*(3. Fall)*

Es folgen einige wichtige Präpositionen mit den dazugehörigen Fällen. Diese hier sind alle relativ abstrakt. Den „konkreteren" Präpositionen für Zeit, Ort und Richtung sind ausführliche Kapitel gewidmet.

Präpositionen tragen meist keine eigene Betonung, sondern gehen beim Sprechen mit dem folgenden Wort eine Einheit ein.

Die Verhältniswörter unterscheiden sich in mancherlei Einzelbedeutungen. So heißt z. B. na *normalerweise „auf" oder „an", während* za *„für" bedeutet. „Danke für's Essen." heißt aber idiomatisch* hvala na jelu, *also wörtlich „Dank auf dem Essen".*

2. Fall:	
bez	ohne
zbog	wegen
protiv	gegen
4. Fall:	
za	für
6. Fall:	
o	über, von, um *(Thema)*
po	1. gemäß; 2. in / auf ... herum
prema	1. gemäß; 2. in Richtung
7. Fall:	
sa	mit

Wie werden die Fälle denn nun gebildet? Vorweg dies: Die Endungen der Fälle sind bei den Hauptwörtern andere als bei den anderen drei Wortarten. Diese, also Eigenschafts-, Frage- und Fürwörter, werden in drei Gruppen gebeugt: männlich, weiblich und sächlich.

nov	neuer	**ovaj**	dieser	**koji**	welcher
nova	neue	**ova**	diese	**koja**	welche
novo	neues	**ovo**	dieses	**koje**	welches

Die Hauptwörter kennen fünf große Beugungsklassen: zwei männliche, zwei weibliche, eine sächliche (Untergruppen und Ausnahmen sparen wir uns). Keine Angst, es gibt trotz allem zwischen den verschiedenen Endungen und Beugungsgruppen eine ganze Menge Ähnlichkeiten. Ich habe alles ein bisschen um- und zusammengestellt, so dass die Gemeinsamkeiten leichter ins Auge fallen.

Statt jetzt weiter vorzukauen, überlasse ich Ihnen zum Bekanntmachen, Erforschen und Anfreunden diese Tabelle. Bitte nicht auswendig lernen! Mit etwas Übung und den Alltagssätzen im Konversationsteil werden Sie ohnedies ein Gefühl dafür bekommen, welche Präpositionen und Verben mit welchen Fall-Endungen fest zusammengehören.

Bei männlichen Wörtern wird ein Unterschied gemacht zwischen Beseeltem (Menschen und Tiere) und Unbeseeltem (Pflanzen, Sachen, Abstraktes). Erstere erhalten im 4. Fall Einzahl Endungen, die eigentlich dem 2. Fall entsprechen. Lustig ist dabei, dass viele Serben ihre Autos wie Menschen behandeln:

Ja imam Mercedesa. (*statt:* Mercedes) *4. Fall wie 2. Fall!*
Ich habe einen Mercedes.

weiblich			
	endet auf -a „neues Jahr"	endet auf Mitlaut „neue Sache"	
1. Fall	**nova godina**	**nova stvar**	*Einzahl*
4.	**novu godinu**	**novu stvar**	
2.	**nove godine**	**nove stvari**	
3. = 6.	**novoj godini**	**novoj stvari**	
7.	**novom godinom**	**novom stvari**	
1. Fall	**nove godine**	**nove stvari**	*Mehrzahl*
4.	**nove godine**	**nove stvari**	
2.	**novih godina**	**novih stvari**	
3. = 6.	**novim godinama**	**novim stvarima**	
7.	**novim godinama**	**novim stvarima**	

	männlich / sächlich		
	m beseelt	*m unbeseelt*	*sächlich*
	„neuer Freund“	„neues Hotel“	„warmes Essen“
Einzahl			
1. Fall	**nov drug**	**nov hotel**	**toplo jelo**
4.	**novog druga**	**nov hotel**	**toplo jelo**
2.	**novog druga**	**novog hotela**	**toplog jela**
3. = 6.	**novom drugu**	**novom hotelu**	**toplom jelu**
7.	**novim drugom**	**novim hotelom**	**toplim jelom**
Mehrzahl			
1. Fall	**novi drugovi**	**novi hoteli**	**topla jela**
4.	**nove drugove**	**nove hotele**	**topla jela**
2.	**novih drugova**	**novih hotela**	**toplih jela**
3. = 6.	**novim drugovima**	**novim hotelima**	**toplim jelima**
7.	**novim drugovima**	**novim hotelima**	**toplim jelima**

Beugung der persönlichen Fürwörter

Bei den persönlichen Fürwörtern sind auch noch der 2. Fall und der 4. Fall identisch, so dass sich das System der Fälle beschränkt auf: 1. Fall, 2. = 4. Fall, 3. = 6. Fall, 7. Fall.

Der 5. Fall, der Vokativ, ist identisch mit dem 1.: Ej, ti! *„He, du!“*

1.	**ja**	ich	**mi**	wir
2.=4.	**me (mene)**	mich	**nas (nas)**	uns
3.= 6	**mi (meni)**	mir	**nam (nama)**	uns
7.	**sa mnom**	mit mir	**sa nama**	mit uns

ti	du	**vi**	ihr / Sie	*1. Fall*
te (tebe)	dich	**vas (vas)**	euch / Sie	*2. = 4.*
ti (tebi)	dir	**vam (vama)**	euch / Ihnen	*3. = 6.*
sa tobom	mit dir	**sa vama**	mit euch / mit Ihnen	*7.*

on / ono	er / es	**oni / one / ona**	sie *(Mz)*	*1. Fall*
ga (njega)	ihn / es	**ih (njih)**	sie *(Mz)*	*2. = 4.*
mu (njemu)	ihm	**im (njima)**	ihnen	*3. = 6.*
sa njim	mit ihm	**sa njima**	mit ihnen	*7.*

ona	sie	*rückbezügl. Fürwort*	
je (nje)	sie	**se (sebe)**	sich
joj (njoj)	ihr	**si (sebi)**	sich
sa njom	mit ihr	**sa sobom**	mit sich

Das rückbezügliche Fürwort (Reflexivpronomen hat aus logischen Gründen (Rückbezug zum Subjekt) keinen 1. Fall. Es steht, anders als im Deutschen, für alle Personen.

Gibt es zwei Varianten, benutzt man die kürzere Form, wenn das Fürwort nicht besonders betont ist, also bei neutralem Gebrauch.

Dajte mi ovo ovde, molim Vas. *gebt mir dieses hier bitte euch(4)* Geben Sie mir dies hier. bitte.

Hvala Vam. *Dank euch(3)* Danke Ihnen.

Volim te.
ich-liebe dich(4)
Ich liebe dich.

Die in der Tabelle in Klammern stehende Langform dient zur besonderen Hervorhebung des Fürworts, aber auch (und zwar in diesem Fall obligatorisch!) nach Präpositionen.

Dajte to meni.	**To je za mene.**
gebt das mir	*das ist für mich*
Geben Sie das *mir*.	Das ist für mich.

Während die Langform überall im Satz stehen kann, hat die Kurzform eine feste Position im Satz. So darf sie niemals am Satzanfang stehen. Mehr dazu im Kapitel „Wortstellung".

Fragen & Zeigen

Oft fangen die Fragewörter mit k- an und die darauf antwortenden Fürwörter mit t-, während der anschließende Teil jeweils gleich ist. Das hat System.

ko?	wer?	**šta?**	was?
gde?	wo? wohin?	**tu**	da
kamo?	wohin?	**tamo**	dahin, dort
kuda?	wo entlang?	**tuda**	da entlang
kada?	wann?	**tada**	dann
koliko?	wieviel?	**toliko**	soviel
kako?	wie?	**tako**	so
zašto?	warum?	**zato**	darum

Es gibt noch zwei solcher Vorsilben, mit denen Sie kreativ sein dürfen:

ov-	„so wie dieses, wie hier“
on-	„so wie jenes, wie dort, wie da“

gde?	**ovde**	**onde**	**(tu)**	**(tamo)**
wo?	hier	dort	(da)	(dort)
koj(i)?	**ovaj**	**onaj**	**taj**	
welcher?	dieser	jener	der	
koja?	**ova**	**ona**	**ta**	
welche?	diese	jene	die	
koje?	**ovo**	**ono**	**to**	
welches?	dieses	jenes	das	

Taj, ta, to sind keine Artikel, sondern haben hinweisende Wirkung:

Ta ulica, ne ona!	Diese Straße, nicht jene!
Koj grad je ovo?	Welche Stadt ist dies?
To je Smederevo.	Das ist Smederevo.

kakav?	**takav**	**ovakav**	**onakav**
was für einer?	so einer wie der	so einer wie dieser	so einer wie jener
kakva?	**takva**	**ovakva**	**onakva**
was für eine?	so eine wie die	so eine wie diese	so eine wie jene
kakvo?	**takvo**	**ovakvo**	**onakvo**
was für eines?	so eines wie das	so eines wie dieses	so eines wie jenes

Fragen & Zeigen

Kakve su to stvari?
was-für-welche sind das Dinge
Was sind das da für Dinge?

Ovo ovde je džezva, to tamo su gusle, a ono onde je opanak.
dies hier ist Kaffeetopf das da sind Gusle und jenes dort ist Opanke
Dies hier ist ein Kaffeetopf, das da ist eine Gusla, und jenes dort ist ein Opanke.

Drei landesübliche suveniri: *Die* džezva *ist das langstielige Töpfchen zum Aufbrühen von Mokka* (turska kafa), *die* gusle *(Mz!) das einsaitige Streichinstrument zur Begleitung der epischen Volksgesänge, und der* opanak *der geflochtene Schnabelschuh.*

Weitere Fragewörter ergeben sich, wenn man ko *(wer)* und šta *(was)* durch die Fälle beugt:

4. Fall

Koga gledate?
wen ihr-schaut
Wen schaut ihr an?

Šta gledate?
was ihr-schaut
Was schaut ihr an?

3. Fall

Kome pišeš?
wem du-schreibst
Wem schreibst du?

Čemu se raduješ?
wem sich du-freust
Worauf freust du dich?

2. Fall

Od koga si to čula?
von wessen bist das gehörte
Von wem hast du das gehört?

Od čega je to?
von wessen ist das
Woraus ist das? *(Material)*

7. Fall

S kim ide?
mit wem(7) geht
Mit wem geht er / sie?

Čime se bavite?
womit(7) sich ihr-beschäftigt
Womit beschäftigt ihr euch?

Ja-Nein-Fragen

Radite li Vi ovde?
ihr-arbeitet ? ihr hier?
Arbeiten Sie hier?

Da li Vi radite ovde?
ob ? ihr arbeitet hier
Arbeiten Sie hier?

Mit konkreten Fragewörtern fragt man nach bestimmten Informationen; die Antwort erfolgt in Form eines Satzes bzw. Satzteils. Eine andere Art von Fragen sind die Entscheidungs- oder Ja-Nein-Fragen, auf die die Antwort typischerweise da *(ja) oder* ne *(nein) lautet.*

Es gibt also zwei Satzmuster für Ja-Nein-Fragen. Welche Sie verwenden, bleibt Ihnen überlassen. Wichtig ist nur, dass beide stets das Wörtchen li enthalten, quasi ein gesprochenes Fragezeichen (in der Wort-für-Wort-Übersetzung daher mit „?" wiedergegeben).

Variante 1: Zuerst das Verb (also wie im Deutschen), direkt danach li:

Vi radite ovde.
ihr arbeitet hier
Sie arbeiten hier.

Radite li Vi ovde?
arbeitet ? ihr hier
Arbeiten Sie hier?

Variante 2: Erst die Fragewendung Da li ...? / Je li ...? (schnell gesprochen Dal' ...? / Jel' ...?), danach der unveränderte normale Aussagesatz:

Vi radite ovde.
ihr arbeitet hier
Sie arbeiten hier.

Da li / Je li Vi radite ovde?
ob ? / ist ? ihr arbeitet hier?
Arbeiten Sie hier?

Kako se kaže ... ?	Wie sagt man ... ?
Kako se zove ovo?	Wie heißt das hier?
Šta znači ... ?	Was bedeutet ... ?
Kako se zoveš / zovete?	Wie heißt du / heißen Sie?

Und hier noch einige Fragen und Antworten zum Üben.

Zovem se ...	Ich heiße ...
Odakle si / ste?	Woher kommst du / kommen Sie?
Ja sam iz ...	Ich komme aus ...
Austrije / Kelna.	Österreich / Köln.
Gde živiš / stanuješ?	Wo lebst / wohnst du?
Živim / stanujem u ...	Ich lebe / wohne in ...
Srbiji / Kragujevcu.	Serbien / Kragujevac.

Etwas, alles oder nichts

Diese Wörter werden mit Hilfe von drei Vorsilben, die ganz systematisch benutzbar sind, gebildet:

ni- nirgend- (wichtig für verneinte Sätze!)
ne- irgend-
sva- jeder

Hieran angefügt werden die Fragewörter:

niko	**neko**	**svako**
nicht-wer	*irgend-wer*	*jed-wer*
niemand	jemand	ein jeder
ništa	**nešto**	**svašta**
nicht-was	*irgend-was*	*jed-was*
nichts	etwas	allerlei

Die Vorsilbe sva- kommt übrigens von:

sve	alles
sav, sva, svo	der, die, das ganze
svi, sve, sva	alle (= die ganzen)
svaki, svaka, svako	jeder, jede, jedes

Wortreihenfolge

Wie bereits gesagt: Grundsätzlich ist die Wortstellung im Serbischen egal. In einfachen Sätzen kann man sich an die deutsche Reihenfolge halten, muss man aber nicht.

Mara ide u Niš.	Mara geht nach Niš.
U Niš ide Mara.	Nach Niš geht Mara.
Ide Mara u Niš.	Es geht Mara nach Niš.

Natürlich hebt man so jeweils andere Satzteile stärker hervor, aber falsch ist die Wortstellung in keinem Fall.

Bei einer Gruppe von kleinen Wörtchen ist die Stellung im Satz allerdings doch festgelegt. Nie als erstes Wort im Satz, sondern vorzugsweise als zweites stehen die folgenden:

1.	**li** – die Fragepartikel
2.	**sam, si, smo, ste, su** (von biti „sein") *bin, bist, wir-sind, seid, sie-sind* auch für die Vergangenheitszeit

Achtung: je *steht unter 7.*

3.	**ću, ćeš, će, ćemo,** *werde, wirst, wird, wir-werden,* **ćete, će** *werdet, sie-werden* für die Zukunftszeit
4.	**bi** – „würde", für die Möglichkeitsform
5.	**mi, ti, mu, joj, nam, vam, im, si** *mir, dir, ihm, ihr, uns, euch, ihnen, sich* persönl. Fürwörter, 3. Fall – Kurzform
6.	**me, te, ga, je, nas, vas, ih, se** *mich, dich, ihn, sie, uns, euch, sie, sich* persönl. Fürwörter, 2. / 4. Fall – Kurzform
7.	**je** – ist (von biti „sein") auch für die Vergangenheitszeit

Ja ću doći. aber: **Doći ću.**
ich werde kommen — *kommen ich-werde*
Ich werde kommen. — Ich werde kommen.

Oni se vole. aber: **Vole se.**
sie(Mz) sich sie-lieben — *sie-lieben sich*
Sie lieben sich. — Sie lieben sich.

Wenn mehrere dieser Wörtchen zugleich in einem Satz auftauchen, ist die richtige Reihenfolge diejenige, in der ich sie oben aufgelistet habe:

	5	6	7
On	**nam**	**ih**	**je rezervisao.**
er	*uns*	*sie(Mz)*	*ist reserviert*
Rezervisao	**nam**	**ih**	**je.**
reservierter	*uns*	*sie(Mz)*	*ist*

Zahlen & Zeitangaben

Die Zahlen werden systematisch aneinander gereiht. Die Grundzahlen lauten:

1	**jedan** *(m)*, **jedna** *(w)*, **jedno** *(s)*	6	**šest**
2	**dva** *(m/s)*, **dve** *(w)*	7	**sedam**
3	**tri**	8	**osam**
4	**četiri**	9	**devet**
5	**pet**	10	**deset**

100	**sto**
1.000	**hiljada (hiljadu)**
1.000.000	**milion**
1.000.000.000	**milijarda**

Die 1 und die 2 unterscheiden also nach dem Geschlecht des Gezählten. Nach Fällen gebeugt wird heutzutage nur noch die 1.
Auch die 1.000 wird nicht mehr nach Fällen gebeugt und bleibt stets hiljadu *(ursprünglich 4. Fall), außer beim Abzählen. Wenn aber von Mehrfachen von 1.000 die Rede ist, verändert sich das Zahlwort doch (siehe nächste Seite).*

Alles weitere lässt sich kombinieren:

11	**jedanaest**	20	**dvadeset**
12	**dvanaest**	30	**trideset**
13	**trinaest**	40	**četrdeset**
14	**četrnaest**		*usw.*
usw.		80	**osamdeset**
19	**devetnaest**	90	**devedeset**

-zehn: -naest
-zig: -deset

Die Einer stehen nach den Zehnern, nicht so unlogisch verdreht wie im Deutschen:

21 **dvadeset jedan**
zwanzig eins

75 **sedamdeset pet**
siebzig fünf

200	**dvesto**	2.000	**dve hiljade**
300	**tristo**	3.000	**tri hiljade**
400	**četiristo**	4.000	**četiri hiljade**
	usw.		*usw.*
999	**devetsto devedeset devet**	9.999	**devet hiljada devetsto devedeset devet**

Zeitangaben

kada?	wann?	**uvek**	immer
ponekad	manchmal	**nikada**	nie
često	oft	**retko**	selten
sada	jetzt	**još**	noch
odmah	sofort	**već**	schon
začas	im Nu	**tek**	gerade erst
davno	längst	**skoro**	bald
rano	früh	**ranije**	früher
kasno	spät	**kasnije**	später
dugo	lange	**duže**	länger
kratko	kurz	**kraće**	kürzer
brzo	schnell	**brže**	schneller

Sad' ću!
jetzt ich-werde
Mach' ich sofort!

Samo malo!
nur wenig
Nur ganz kurz! / Einen Moment!

put, puta = mal

jedanput	einmal	**dva puta**	zweimal
pet puta	fünfmal	**sto puta**	hundertmal

Uhrzeit

sekunda	Sekunde
minut	Minute
sat	Stunde, Uhr
jutro	Morgen
podne	Mittag
veče	Abend
noć	Nacht
noću	nachts, in der Nacht
dan	Tag
danju	tagsüber, am Tag
danas	heute
juče	gestern
prekjuče	vorgestern
sutra	morgen
prek(o)sutra	übermorgen

sowohl Uhrzeit als auch Armbanduhr

Koliko je sati?
wie-viel ist der-Stunden?
Wie spät ist es?

Jedan. Eins.

Dva (sata / časa) Zwei (Uhr). *(2. Fall Ez)*
Pet (sati / časova) Fünf (Uhr). *(2. Fall Mz)*

Die Besonderheit beim Gebrauch der Fälle mit Zahlen wird im Kapitel „Mengenangaben" erklärt.

dvanaest ... i pet	**dvadeset pet do ...**
... i deset	**dvadeset do ...**
... i petnaest	**petnaest do ...**
... i dvadeset	**deset do ...**
... i dvadeset pet	**pet do ...**
... i po = pola jedan	

Etwas zu Zeitgefühl und Pünktlichkeit: Zeit ist zwar auch in Serbien Geld, aber eben nicht soviel Geld wie hier. Man nimmt sich einfach mehr davon für die lieben Mitmenschen. Warten zu müssen ist lange nicht so ehrenrührig wie hierzulande. Eine Verabredung, ja manchmal sogar ein Abfahrts- oder Abflugtermin, ist häufig genug nur die heilige Zusage, dass man überhaupt kommen, abfahren oder abfliegen wird. Der genaue Zeitpunkt dagegen ist von geringerer Bedeutung. Wer auf Pünktlichkeit besteht, muss klarstellen:
Ali molim tačno u osam sati!
„Aber bitte genau um acht Uhr!"

u = *um (4. Fall)*

Koliko to traje?
wie-viel das dauert?
Wie lange dauert das?

Jedan sat / čas.	1 Stunde. *(1. Fall Ez)*
Šest dana.	6 Tage. *(2. Fall Mz)*
Tri godine.	3 Jahre. *(2. Fall Ez)*

Kada treba da dođemo?
wann ist-nötig dass wir-kommen?
Wann sollen wir kommen?

U pet do dva.	Um 13:55.
U utorak.	Am Dienstag.
U nedelju.	Am Sonntag.
Rano ujutro.	Früh am Morgen.
Danas u podne.	Heute Mittag.
Sutra uveče.	Morgen Abend.

St.-Markus-Kirche in Belgrad

od / do (von, seit / bis) *beide mit dem 2. Fall*

Rade od sedam do četiri.
sie-arbeiten von sieben zu vier
Sie arbeiten von 7 bis 4.

... od ponedeljka.
... von Montags
... seit / ab Montag.

Od kada ste Vi ovde?
von wann seid ihr hier
Seit wann sind Sie hier?

Od prekjuče.
von vorgestern
Seit vorgestern.

Do kada ćete ostati?
zu wann ihr-werdet bleiben
Bis wann werden Sie bleiben?

Do prekosutra.
zu übermorgen
Bis übermorgen.

pre / posle (vor / nach) *beide mit dem 2. Fall*

prepodne	Vormittag
poslepodne	Nachmittag
Dođite pre marta!	Kommt vor dem März!
... posle petka!	... nach Freitag

Šta si radio pre?
was bist gemachter vor
Was hast du vorher gemacht?

To ćemo uraditi posle.
das wir-werden machen nach
Das machen wir nachher.

mit dem 4. Fall

kroz (in [zeitl.])

Doći ćemo opet kroz dve godine.
kommen wir-werden wieder durch zwei Jahre
Wir kommen in zwei Jahren wieder.

mit dem 2. Fall

za vreme (während)

za vreme ferija
während der Ferien

Einfach nur der 2. Fall ohne jedes Verhältniswort steht in Wendungen wie:

svake / prošle / ove / iduće jedes / vergangenes / dieses / kommendes	**godine** Jahr
svakog / prošlog / ovog / idućeg jeden / vergangenen / diesen / kommenden	**meseca** Monat

Ordnungszahlen & Datum

Achtung: drugi, druga, drugo *bedeutet: „zweiter (-e, -es)" und „anderer (-e, -es)".*

1.	**prvi, -a, -o**	6	**šesti, -a, -o**
2.	**drugi, -a, -o**	7.	**sedmi, -a, -o**
3.	**treći, -a, -e**	8.	**osmi, -a, -o**
4.	**četvrti, -a, -o**	9.	**deveti, -a, -o**
5.	**peti, -a, -o**	10.	**deseti, -a, -o**

Bei allen weiteren Ordnungszahlen steht als Endung -ti, -ta, -to.

11.	**jedanaesti, -a, -o**
90.	**devedeseti, -a, -o**
100.	**stoti, -a, -o**
1000.	**hiljaditi, -a, -o**

nedelja	Woche
ponedeljak	Montag
utorak	Dienstag
sreda	Mittwoch
četvrtak	Donnerstag
petak	Freitag
subota	Samstag
nedelja	Sonntag
mesec	Monat

nedelja *hat zwei Bedeutungen („Woche" und „Sonntag").*

© Milanlj@dreamstime.com

Orthodoxes Kloster Studenica (UNESCO-Weltkulturerbe)

Zahlen & Zeitangaben

Die Monatsnamen sind international.

januar	Januar	**jul(i)**	Juli
februar	Februar	**avgust**	August
mart	März	**septembar**	September
april	April	**oktobar**	Oktober
maj	Mai	**novembar**	November
jun(i)	Juni	**decembar**	Dezember

Bei zusammengesetzten Zahlen ist nur die letzte eine Ordnungszahl, z. B. beim Datum:

Danas je dvadeset peti juli.
heute ist zwanzig fünfter des-Julis
Heute ist der 25. Juli.

Auch das Jahr wird mit Ordnungszahlen bezeichnet.

hiljadu devetsto devedeset deveta
tausend neunhundert neunzig neunte
1999

Bei Zeitangaben vom Typ „am 25. 7. 1999“ stehen Tag, Monat und Jahr jeweils im 2. Fall:

Tag: -og
dvadeset petog
(des) zwanzig fünften

Monat: -og
sedmog
(des) siebten

Jahr: -e
hiljadu devetsto devedeset devete
(der) tausend neunhundert neunzig neunten

Üben Sie mal mit Ihrem Geburtsdatum:

für Männer:
Rođen sam ...
geborener bin...

für Frauen:
Rođena sam ...
geborene bin ...

Mengenangaben

Kompliziert wird es allerdings, wenn Dinge gezählt werden sollen, denn die Hauptwörter werden dabei gebeugt. Die Regel lautet:

Endziffer 1:	1. Fall Einzahl
Endziffern 2, 3, 4:	2. Fall Einzahl
Endziffern 5 bis 0:	2. Fall Mehrzahl

Die Konstruktion ist also z. B. „fünf der Autos“.

In der Praxis bekommen gezählte männliche und sächliche Wörter meist die Endung -a, da hier der 2. Fall in Ein- und Mehrzahl die gleiche Endung hat.

Theoretisch sollte die Endung in der Einzahl kurz und in der Mehrzahl lang gesprochen werden (und eventuell auch der Ton sich ändern); praktisch ist dies unerheblich.

jedan dan	**dva dana**	**pet dana**
ein Tag	*zwei des-Tages*	*fünf der-Tage*
ein Tag	zwei Tage	fünf Tage

jedno pivo	**dva piva**	**pet piva**
ein Bier	*zwei des-Bieres*	*fünf der-Biere*
ein Bier	zwei Biere	fünf Biere

Weibliche Wörter, die auf Selbstlaut enden, bekommen bei 2 bis 4 die Endung -e und bei 5 bis 0 die Endung -a. Es gibt noch weitere Endungen, die uns aber nicht belasten sollten.

jedna kafa	**dve kafe**	**pet kafa**
ein Kaffee	*zwei des-Kaffees*	*fünf der-Kaffees*
ein Kaffee	zwei Kaffee	fünf Kaffee

Mengenangaben

Übrigens werden Zahlen und Ausdrücke, die den 2. Fall Mehrzahl verlangen, ihrerseits im Satz wie sächliche Hauptwörter in der Einzahl behandelt. Das hat zur Folge, dass bei einem solchen Ausdruck als Subjekt das Verb überraschenderweise in der Einzahl steht.

Außerdem steht der 2. Fall Einzahl nach:

1/2	**pola**	z. B. **pola kila**	(von kilo)
1/4	**četvrt**	z. B. **četvrt litra**	(von litar)

Der 2. Fall Mehrzahl steht auch nach unbestimmten Mengenangaben wie:

mnogo, puno	viel	**više**	mehr
malo	wenig	**manje**	weniger
nekoliko	einige	**nešto**	etwas
koliko?	wie viel?	**toliko**	so viel
dosta	genug		

Die Kalemegdan-Festung (Belgrad) im Winter

Ort & Richtung

Für Ortsangaben (Frage: wo?) braucht man oft den 6. (= 3.) Fall:

wo = gde

		Mi smo...	Wir sind ...
u	in	**... u gradu.**	in der Stadt.
na	auf, an	**... na plaži.**	am Strand.

sowie bei den bedeutungsmäßig etwas „spezielleren" Verhältniswörtern den 2. Fall:

		Mi smo ...	*Wir sind ...*
ispred	vor	**ispred kuće.**	*vor dem Haus.*
iza	hinter	**iza kuće.**	*hinter dem Haus.*
iznad	über	**iznad vas.**	*über euch.*
ispod	unter	**ispod kreveta.**	*unter dem Bett.*
između	zwischen	**između zidova.**	*zwischen den Wänden.*
pored	neben	**pored trafike.**	*neben dem Kiosk.*
kod	bei	**kod Sanje.**	*bei Sanja.*

Für Richtungsangaben (Frage: wohin?) benötigt man den 4. Fall:

wohin = kuda, kamo, gde

		Idemo ...	Wir gehen / fahren ...
u	in, nach	**u grad.**	in die Stadt.
na	auf, an	**na plažu.**	an den Strand.
pred	vor	**pred kuću**	vor das Haus.
pod	unter	**pod krevet.**	unter das Bett.
kroz	durch	**kroz šumu.**	durch den Wald.

So wie im Deutschen gibt es also Präpositionen, die unterschiedliche Fälle verlangen, je nachdem ob sie auf die Frage „wo?" oder „wohin?" antworten.

Hierbei benötigt man den 2. Fall:

		Idemo ...	Wir gehen / fahren ...
kod	zu	**kod Sanje.**	zu Sanja.
preko	über	**preko Subotice.**	über Subotica.
do	bis	**do Novog Sada.**	bis Novi Sad.
od	von	**Dolazimo od doktora.**	Wir kommen vom Arzt.
iz	aus	**Ja sam iz Beča.**	Ich bin aus Wien.

woher = odakle, otkuda

Die Dächer von Zemun

Für Ort und Richtung können stehen:

svuda	überall(hin)
negde	irgendwo(hin)
nigde	nirgendwo(hin)
levo	(nach) links
desno	(nach) rechts
pravo	geradeaus
gore	oben, hinauf
dole	unten, hinunter
napred	vorne, vorwärts
nazad, natrag	hinten, zurück
okolo	um ... herum
unutra	drinnen, hinein
napolju, vani	draußen
napolje, van	hinaus
kod kuće	zu Hause
kući	nach Hause

Kako ću doći do pošte?
wie ich-werde kommen zu der-Post
Wie komme ich zur Post?

Idi pravo, pa levo, pa desno.
Geh geradeaus, dann nach links, dann nach rechts.

To je levo od trga.
Das ist links vom Platz.

Napolje!
Raus!

© Gruja_digital_rebel@dreamstime.com

Ländliches Serbien

Kurz-Knigge

Man will sich ja bei „fremden Leuten" nicht nur verständlich machen, sondern auch benehmen können. In diesem Kauderwelsch-Band geht es deshalb auch immer wieder um Verhaltensweisen und -regeln. Im folgenden Abschnitt soll nun weniger von Benimm-Tipps die Rede sein als vielmehr davon, was man so leichthin Mentalität nennt. Der eine Grund ist, dass sich der serbische „Knigge" von dem uns vertrauten eigentlich nicht unterscheidet. Eigentlich! Und das ist schon der andere Grund.

Ich hoffe, dass das Folgende ein bisschen hilft, einige Eigenarten zu verstehen, denen Sie im Lande begegnen werden. Vielleicht auch Ihre eigenen: Die Verständnisgrenzen, an die man stößt, die man erkennt und die sich nicht immer überwinden lassen, sagen über einen selbst ebenso viel aus wie über die Gastgeber und Gesprächspartner. Weshalb wir ja auch globetrotten.

Serben und Europäer – Sie werden sofort bemerken, dass es im öffentlichen Umgang miteinander in Valjevo zunächst einmal ganz ähnlich zugeht wie in Birmingham, Biarritz oder Bielefeld. Da gibt es nichts Aufregendes zu berichten: keine exotische Kastenordnung, die Mode diktieren Mailand und die sozialen Netzwerke, zum Gruße reicht man sich die Hand, die Autos fahren rechts.

Vorsicht - so mancher lässt sich nicht gerne anpflaumen. Das gilt insbesondere für das komplizierte System der Flüche. Im sehr lässigen Slang werden sie, worüber viele die Nase rümpfen, zwar ganz harmlos als Füllsel untergebracht. Doch manchmal können sie tödlich beleidigen! Weil das deutsche Schimpfwörtersystem ganz anders funktioniert, bleiben Sie um Himmels Willen oberhalb der Gürtellinie!

Handzeichen und Kopfbewegungen sind in ihrer Bedeutung dieselben wie bei uns, werden allerdings deutlich intensiver eingesetzt: Man winkt sich zu, ruft quer über die Straße und hinauf in den vierten Stock, spricht generell lauter, mit Händen und Füßen. Viele der „bösen Zeichen" wie Vögelchen, mit dem Finger drohen (nono!) rufen allerdings bei den Adressaten manchmal heftige Reaktionen hervor.

Noch ein paar Besonderheiten: Ein freundliches Zeichen ist es, dreimal kurz auszuspucken (nicht wirklich, nur angedeutet: „tfu, tfu, tfu". Es bedeutet: Da te ne ureknem! „Damit ich dich nicht verwünsche." Man hat etwas Schönes gesagt und hofft, dass die bösen Geister es nicht gehört haben.

Pi! heisst etwa „O la la!"

Ein eingesogenes, schmatzendes „ts" mit Kinnhebung ist ein Nein, gleichbedeutend mit einem Kopfschütteln. In Worten ausgedrückt: Ne!, Jok!, A-a! „Nö!". Für ein Ja wird genickt und dazu „m-m" gesummt.)

Tiefstes Unverständnis, womöglich gepaart mit Missbilligung oder Bestürzung, wird gerne signalisiert durch das Kreuzzeichen, oft mit anschließendem Blick nach oben, Schulterzucken mit erhobenen Händen, Hände über dem Kopf Zusammenschlagen.

Isuse Hriste! / Bože moj! / Kuku lele! / Aman zaman!
Jesus! / Oh Gott! / Das gibt's doch nicht!

Serben (und Montenegriner) sind also Christen, und zwar pravoslavci *(orthodox = rechtgläubig)*, ebenso wie die Griechen, Russen, Bulgaren, Rumänen, Georgier und Makedonier. Allerdings feiern sie Weihnachten und Ostern nach dem alten, dem julianischen Kalender, der 13 Tage nachgeht. Weihnachten fällt daher auf den 7. Januar, Ostern ist in manchen Jahren wie in den Westkirchen, manchmal aber bis zu einem Monat später.

Serben sind Südländer bzw. Balkanesen. Was oberflächlich als chaotischer Wechsel zwischen heißem Blut und Phlegma erscheint, ist eine Mischung aus vielen Zutaten, die sich zu einem gewissen Grade auseinanderdröseln lassen. Dazu gehört das Bewusstsein einer tragisch-gewaltsamen Geschichte – und Gegenwart – und die daraus folgenden Mythen, mit denen alle, selbst die Jüngsten, groß werden. Bei den Serben ziehen sich diese Mythen von der Schlacht auf dem Amselfeld 1389 und den übernatürlichen Heldentaten des Königssohns Marko bis hin zu den Partisanenkämpfen des 2. Weltkriegs. Dazu gehören aber auch die vergleichsweise festen und autoritären Strukturen in Familie und Gesellschaft. Dazu gehört eine Wirtschaft, die es bis heute nicht einfach macht, emotionale Werte durch materielle Selbstverwirklichung zu ersetzen. Serbien ist nicht reich.

Allerdings war bei den Serben prijateljstvo *(Freundschaft)* schon immer überlebenswichtig. Man macht qualitativ und quantitativ viel mehr miteinander. Im Nu ist man einander verbunden und verpflichtet. Man mischt sich unumwunden in die Belange der Anderen ein, ist umgekehrt genauso duldsam bis an die Schmerzgrenze. Tiefe Gefühle und Bindungen sind aber Segen und Fluch zugleich: Man ist hteo-nehteo *(ob man will oder nicht)* aufeinander angewiesen, auf Launen, Vorlieben, Erwartungen und Unzulänglichkeiten. Ein banales Beispiel hierfür: Alle kommen ständig zu spät, weil sie wissen, dass ganz bestimmt auf sie gewartet wird, und weil sie inzwischen unbedingt andere wichtige, persönliche Dinge regeln müssen, wie etwa selber zu warten. So kann Freundschaft, Verwandtschaft, Partnerschaft, jedes Zusammenleben zu sudbina *(Schicksal)* werden.

Eine Kindheit kann so bis zum dreißigsten oder vierzigsten Lebensjahr dauern, insbesondere wenn die Kinderchen und Enkelchen mit ihrem Ehepartner keine eigene Wohnung finden.

Die närrische Kinderliebe ist ein hübscher Zug in diesem Zusammenhang. Kinder werden gehätschelt, im Hochsommer warm verpackt (was dann beim Auspacken des verschwitzten Pakets zu Hause – „Wie konnte das nur passieren?“ – beim geringsten Durchzug Unterkühlung und Erkältung nach sich zieht). An jeder trafika *(Kiosk)* gibt es massenweise igračke *(Spielzeug)*, denn ein Besucher bringt den Prinzchen und Prinzessinnen etwas mit, will er nicht bei Eltern und Großeltern als seelenloser cicija *(Geizkragen)* gelten.

So spielt ponos *(Ehrgefühl, Stolz)* eine große Rolle: Es ist der einzige Schutz bei all der Enge und zwischenmenschlichen Hitze, vor der Aufdringlichkeit der Liebsten. So intim man manchmal aufeinanderhockt, so distanziert ist man meistens bei den wirklich persönlichen Problemen. Das persönliche (also reale) Sexualleben und psychische Probleme bleiben dabei echte Tabuthemen.

All das drückt sich auch in Liebe und Partnerschaft aus (ljubomora – *Eifersucht*), im Geschlechterverhältnis überhaupt. Selbst jüngere Beograđanke (aus Beograd), Novosađanke (aus Novi Sad) oder Nišlijke (aus Niš) verfolgen das freizügige Treiben ihrer westlichen Geschlechtsgenossinnen häufig recht verständnislos, wenn auch gewiss mit einiger Sympathie. Denn ihre momci *(Jungs, Freunde)* mögen džentlmeni und kavaljeri sein, tragen aber schnell Pantoffeln und sind dann unübertroffen bequeme Paschas (in ihren eigenen Augen ziemlich kul – *cool*). Ist so etwas erst einmal verinnerlicht, kann es sich in galligem Moralismus äußern, zumal die allermeisten Serbinnen nicht nur die Familie managen, sondern auch in ihren Berufen Geld verdienen. In Fragen von Sitte und Anstand führen leidgeprüfte Mamas, Omas, Tanten das erste Wort. Ihnen gebührt höchster Respekt.

Alt und neu. Verwirrend wird es, wenn trotz der für uns so gar nicht ungewöhnlichen Oberfläche plötzlich irgendetwas wie verschoben scheint. Das Land entwickelt sich in allen Belangen und steckt noch für lange Zeit voller Gegensätze. Die alten kulturellen Prägungen wirken da nach: mitteleuropäischer Norden – orientalischer Süden.

Der rat *(Krieg)* und die bis ins neue Jahrtausend andauernde internationale Isolation taten ein Übriges: Hunderttausende Menschen flohen aus den Kriegsgebieten nach Serbien, Hunderttausende junger Leute emigrierten ins Ausland.

Im täglichen Umgang erstaunt vielleicht die mürrische Unhöflichkeit – drängelnde Trauben vor Bussen mit schlechtgelaunten, unrasierten Fahrern : Šta ćeš? „Was willst du?, Wat is?", die dann unvermittelt umschlägt in Herzlichkeit, ja Zärtlichkeit: Hodi, dušo, sedi tu! „Komm her, Herzchen, setz dich hierher!". So deftig die Flüche, so verzärtelt ist manchmal die Sprache, man vergleiche nur die Anreden. Sehr oft werden die gewöhnlichsten Wörter in verniedlichter Form gebraucht. Bei weiblichen Wörtern wird -ica angehängt: Idem kućici statt Idem kući *(„Ich gehe nach Häuschen")*. Bei männlichen Wörtern steht -ić: Uzmi keksić! statt Uzmi keks! *(„Nimm ein Kekschen!")*.

All diese Gegensätze bringen große Spannungen für jeden einzelnen mit sich, ob jung, ob alt, Mann oder Frau, Arbeiter oder Akademiker. Die Ergebnisse von deren Verarbeitung können dem Westler derselben sozialen Kategorie ganz paradox erscheinen.

Budite radoznali ...
Seien Sie neugierig

... i dajte se iznenaditi!
Und lassen Sie sich überraschen!

Begrüßen & Verabschieden

Dobar dan!	Guten Tag!
(bardan!)	(Tag!)
Dobro jutro!	Guten Morgen!
(brojutro!)	(Moin!)
Dobro veče!	Guten Abend!
(broveče!)	('n Abend!)
Laku noć!	Gute *(leichte)* Nacht!
Do viđenja!	Auf Wiedersehen!
Zbogom!	Lebewohl. *(Mit Gott!)*

Mit einem Smartphone können Sie sich die mit einem gekennzeichneten Sätze dieses Kapitels anhören. Scannen Sie einfach den QR-Code mit Hilfe einer kostenlosen App (z. B. „Barcoo" oder „Scanlife").

Lockerere Grußformeln sind:

Zdravo!	*gesundes*	Hallo! / Tschüss!
Ćao!	*ciao*	Hallo! / Tschüss!
Prijatno!	*angenehmes*	Bis dann!

Beim Abschied stellt man oft hajde voran:

Hajde, ćao. Also, tschüss.
(das klingt dann oft wie Ajde!, Ajd!, Ajćao!)

Gde si?	Wo bleibst du?
Šta radiš?	Was machst du so?
Kako si / ste?	Wie geht es dir / Ihnen?
Kako je?	Wie geht's? Wie isses?
Dobro hvala.	Danke, gut.
Pa, tako.	Na, geht so.
Ma loše.	Ach, schlecht.

Anrede

Für gewähltere Anreden gibt es im Serbischen eine Extra-Endung (5. Fall: Vokativ). Sie ist ganz wild gewürfelt. Bei weiblichen Namen, die auf -a enden, lautet sie -o oder -e, aber oft verzichtet man auch darauf.

Ej! = *He!*
Alo! = *Hallo!*

Nado! *oder* **Nada!**	Nada!
Gospođo!	Meine Dame!
Ana! (*selten* **Ano!**)	Anna!
Biljana!	Biljana!

In der Mehrzahl, bei Eigenschaftswörtern usw. gibt es keine besondere Anrede-Endung.

Bei der Anrede von Männern lautet die Endung -e oder -u. Hier muss das sein.

Zorane Joviću!	Zoran Jović!
Prijatelju!	He, Freund!
Gospodine!	Mein Herr!
Bože! (*von* Bog)	O Gott!

Keine besondere Anredeform gibt es bei männlichen Namen auf -o (Branko, Marko) und -e (Mile). Viele davon sind eigentlich Kosenamen, die in Serbien auch auf -a enden können, dann wie weibliche Wörter gebeugt werden und auch eine Anredeform auf -o haben. Im Privatleben ruft man sich in Ex-Jugoslawien fast ausschließlich mit solchen Kosenamen, die auf Vokal auslauten. Ich z.B. heiße Gaga (von Dragoslav), gerufen Gago!. Ich kenne außerdem Goga, Guga, Giga, Gega und Grga. Die Kosenamen müssen übrigens nichts mit dem Vornamen oder dem Geschlecht zu tun haben: Guga heißt bürgerlich Emilija, und Giga heißt Dušan.

Lassen Sie sich also mit einem netten Kosenamen „taufen", damit sich Ihre Gastgeber nicht mit „Ludger" oder „Rüdiger" abmühen müssen. Auch Frauennamen, die nicht auf -a enden (z. B. Karin, Uschi, Wiebke) sind schon aus grammatikalischen Gründen dringend anpassungsbedürftig.

Nun zu den offiziellen Anreden. Personen, deren Namen man nicht kennt und die man siezt, spricht man an mit:

Gospodine!	Mein Herr! (gospodin – *Herr*)
Gospođo!	(Meine Dame! (gospođa – *Dame*)
Gospođice!	Mein Fräulein! (gospođica – Fräulein)

Etwas saloppper heißt es:

Šefe!	*für Ladeninhaber, Kellner*
Dečko!	Junge! Junger Mann!
Devojko!	Junge Frau!
Devojčice!	Junges Mädchen!
Čiko!	Onkel! *(für ältere Männer)*
Teto!	Tante! *(für ältere Frauen)*

Es ist sehr weit verbreitet, sich zwar zu siezen, aber dennoch beim Vornamen zu rufen oder sogar Anredetitel mit Vornamen zu benutzen:

auf dem Dorf auch: Komšijo! *Nachbar!* Komšinice! *Nachbarin!*

Kako ste, gospođa Ema / gos'n Bato?
wie ihr-seid Frau Ema / Herr Bata
Wie geht es Ihnen, Frau Emma / Herr Bata?

Teta Kato / Čika Mišo, moram Vas nešto da pitam.
Tante Käthe / Onkel Mischa ich-muss euch etwas dass ich-frage
Tante Kata / Onkel Mischa, ich muss Sie etwas fragen.

Belgrads großer Boulevard „Terazije“

Zwischen Frauen und Männern und unter Frauen sind auch zärtlichere Anreden durchaus üblich:

Sine (moj)!	(Mein) Sohn! *(auch für Mädchen!!)*
Čedo (moje)!	(Mein) Kindchen!
Dragi!, Draga!	(Mein/e) Liebe(r)! *(auch in Briefen)*
Mili!, Mila!	(Mein/e) Liebste(r)!
Dušo (moja)!	(Meine) Seele!
Srce (moje)!	(Mein) Herz!
Sunce (moje)	(Meine) Sonne!
Ljubavi (moja)!	(Meine) Liebe!

ljubav *die Liebe*

Die Familie

porodica, familija	Familie
roditelji	Eltern
majka, mati	Mutter
mama	Mama, Mutti
otac / tata	Vater / Papa
dete (*Mz* **deca**)	Kind (Kinder)
ćerka	Tochter
sin	Sohn
sestra	Schwester
brat	Bruder
baka, baba	Oma, Großmutter
deda, ded	Opa, Großvater

Umgangssprachlich heißt es:

keva	Alte *(Mutter)*
ćaća, ćale	Alter *(Vater)*
burazer	Bruder

So, das waren die einfachen Bezeichnungen. Von nun an wird es kompliziert, denn in der weiteren Verwandtschaft rodbina gibt es für fast jeden Verwandten (rođak *m*, rođakinja *w*) eine eigene Bezeichnung:

tetka	Tante (Schwester von Elternteil)
tetak	ihr Mann, angeheirateter Onkel
ujak	Onkel mütterlicherseits
ujna	seine Frau, angeheiratete Tante

stric	Onkel väterlicherseits
strina	seine Frau, angeheiratete Tante
svekar i svekrva	Schwiegereltern aus Sicht der Frau
tast i tašta	Schwiegereltern aus Sicht des Mannes

Für die Schwäger und Schwägerinnen gibt es unzählige Einzelbezeichnungen: šogor, jetrva, zet, snaja, prija, zaova, svastika usw., je nach dem genauen Verwandtschaftsverhältnis, ebenso für Nichten, Neffen, Cousins und Cousinen. Da sagt am besten sestra mog muža *(Schwester meines Mannes)*, ćerka mog brata *(Tochter meines Bruders)*. Die Patenschaft bei Taufe und Trauung ist bei den Serben eine intensive Beziehung, fast noch fester als Verwandtschaft.

Auch die Eltern des Patenkinds und die Paten sind füreinander kum *bzw.* kuma*. Dies entspricht der alten deutschen Bezeichnung „Gevatter(in)“.*

kum	Taufpate, Trauzeuge
kuma	Taufpatin, Trauzeugin

Beziehung & Ehe

Ein Pendant zu dem Wort „Beziehung“ gibt es im Serbischen nicht. Odnos bedeutet eher „Bettgeschichte“. Man sagt:

Mi smo zajedno / par.
Wir sind zusammen / ein Paar.

Ona je moja ...
Sie ist meine ...

On je moj ...
Er ist mein ...

cura, devojka	Freundin
momak, dečko	Freund
ljubavnica	Geliebte
ljubavnik	Geliebter
verenica	Verlobte
verenik	Verlobter
žena	Ehefrau
muž	Ehemann

svadba, venčanje
Hochzeit
(*unbedingt mitfeiern!*)

brak
Ehe

Oni su venčani / u braku.
sie sind bekränzte / in Ehe
Sie sind verheiratet.

Oni se venčavaju.
sie sich sie-bekränzen
Sie heiraten.

Bei Frauen heißt es:

Ona se udaje.
sie sich weggibt
Sie heiratet.

Jel' ste Vi udati?
ist-? seid ihr weggegebene(Mz)
Sind Sie verheiratet?

und bei Männern:

On se ženi.
er sich beweibt
Er heiratet.

Jel' ste Vi oženjeni?
ist-? seid ihr beweibte(Mz)
Sind Sie verheiratet?

Floskeln & Redewendungen

Nichts wirkt so frisch in einer gesprochenen Sprache wie das lockere Einstreuen der richtigen Floskeln. Man kann mächtig Eindruck schinden. Birajte sami! – Wählen Sie selbst!

Zustimmung & Ablehnung

Jeste wird oft weiter verkürzt und klingt dann fast wie „Yes!"

Svejedno!	Egal!
Da.	Ja.
Jeste!, Dabome!	Jawohl!
Tako je!	So ist es!
Tačno!, Da znaš!	Genau! Stimmt!
Slažem se!	Einverstanden!
U redu!	In Ordnung!
Okej!	O.K.!
Dogovoreno!, Važi!	Abgemacht!
Svakako!	Auf jeden Fall! Unbedingt!
Naravno!, Jašta!	Natürlich!
Jasno!	Klar!
U pravu si / ste.	Du hast / Sie haben recht.
Hvala Bogu!	Na, Gott sei Dank. Natürlich.
I te kako!	Und wie!
Nego šta?	Was denn sonst?

Ne!	Nein!
Nikako!	Keinesfalls!
Nije tačno!, Baš nije!	Stimmt nicht!
Nije istina!	Das ist nicht wahr!
Bože začuvaj!	Gott behüte!
Ne dolazi u obzir.	Kommt nicht in Frage.
Ma kakvi!	Ach, was!
Malo sutra!	Von wegen!
Jok!	Nö!

Jok *ist ursprünglich ein türkisches Wort und im Süden üblich.*

Verstärkt wird das alles durch ama oder ma:

Ama da!
Aber ja doch!

Ma Bože začuvaj!
Aber, um Gottes Willen!

Verwunderung & Zweifel

Je li?, Stvarno?	Tatsächlich?
Ma nemoj(te)!	Sag(en Sie) bloß!
Ma šta kažeš?	Was du nicht sagst!
Zar?	Ja, wirklich? Ist das so?
Nije valjda / moguće?	Nicht möglich!
Tako znači.	So ist das also!
Zaista?	Wirklich?
Ozbiljno?	Ernsthaft? Echt?
Pa šta?!	Na und?!

Verständnis & Wissen

A?, Šta?	Hä?, Was?
Molim?	Bitte?
Kako, molim?	Wie bitte?
Ne razumem.	Verstehe ich nicht.
Nisam te razumeo / razumela.	Ich habe dich nicht verstanden. *(inhaltlich)*
Nisam Vas čuo / čula.	Ich habe Sie nicht verstanden. *(akustisch)*
Malo sporije, molim.	Etwas langsamer, bitte.
Aha!, Ahaha!	Aha! Ach, so ist das!
Sada mi je jasno.	Jetzt ist's mir klar.
Razumem. Shvatam.	Verstehe! Kapiere!
Kopčam. Kontam.	Geschnallt!
Znam, znam!	Ich weiß, ich weiß!
Pa, ne znam.	Tja, ich weiß nicht!
Otkud' znam?	Wie soll ich das wissen?
Bog zna!, Pitaj Boga!	Gott weiß! (*Frag Gott!*)
Pojma nemam!	Keine Ahnung!

Danke, Bitte, Entschuldigung

Hvala (lepo / lepa)	Danke (schön).
Puno ti / Vam hvala.	Vielen Dank. *viel dir / euch Dank*
Hvala na ...	Danke für ...
Nema na čemu.	Nichts zu danken.
Molim (lepo).	Bitte (schön).
Izvolite.	Bitte sehr.

Dozvolite!	Erlauben Sie!
Dopustite!	Gestatten Sie!
Izvini(te)!	Verzeihe(n Sie)!
Oprosti(te)!	Entschuldige(n Sie)!
Izvinite što ...	Entschuldigen Sie, dass ...
... kasnim / smetam.	... ich zu spät komme / störe.
Ništa, ništa.	Macht nichts!
Nema veze.	Keine Ursache!
Nema problema.	Kein Problem

Glückwünsche & Bedauern

Bei jedem freudigen oder feierlichen Anlass, privat wie öffentlich, also Geburtstag, Kindersegen, sonstigen persönlichen Höchstleistungen, aber genauso zu allgemeinen Feiertagen wie Božić *(Weihnachten)* oder Uskrs *(Ostern)*, beglückwünscht man sich, und zwar stets mit ein und demselben Wort:

Čestitam!
Gratuliere! / Glückwunsch!

Čestitam ti / Vam praznik!
gratuliere dir / euch Feiertag
Schönen Feiertag!

Srećan praznik!	Schönen Feiertag!
Srećan rođendan!	Alles Gute zum Geburtstag!
Srećnu Novu godinu!	Frohes Neues Jahr!
Srećna slava!	Frohe Slava!

Die slava *ist das typisch serbische alljährliche Fest des Familienschutzheiligen. Also so etwa wie ein Namenstag, der aber nicht individuell, sondern eben für eine ganze Familie gefeiert wird. Hingehen (ruhig auch unaufgefordert) und gratulieren!*

Floskeln & Redewendungen

(Želimo ti ...)
(wir-wünschen dir)

... puno uspeha!
viel des-Erfolges
Viel Erfolg!

... da se brzo oporaviš!
dass sich schnell erholst
Gute Besserung!

... sve najbolje!
alles bestes
Alles Gute!

Šteta!
Schaden
Schade!

Žao mi je!
leid mir ist
Tut mir leid!

Primite moje saučešće!
annehmt mein Beileid
Mein Beileid!

Pćiha!
Hatschi!

Na zdravlje!
Gesundheit!

Warnung & Abweisung

Beim Siezen -te *ans Verb anhängen, z.B.* Pazite!, Čuvajte se!

zabranjeno	Verboten	забрањено
opasno	Gefährlich	опасно
Pažnja!	Achtung!, Vorsicht!	пажња
Pazi!	Pass auf!	
Čuvaj se!	Pass auf dich auf!	
Beži!	Hau ab!	
Gubi se!	Verschwinde!	
Nemoj!	Lass das!	
Ne treba!	Nicht nötig!	

Marktplatz von Novi Sad

Füllwörter

u stvari	eigentlich
dakle, znači	also
pa	na, nun, tja
jel' da?	nich' wahr?, ne?
nekako / kao	irgendwie / so
mislim	ich glaube / finde / meine
čini mi se	mir scheint / anscheinend
to jest	das heißt
Čuj!	Hör mal!
na primer	zum Beispiel

Es gibt sogar ein Wort für „äääh …“: ovaj …

Boga mi / ti!	Bei Gott!
Majke mi / ti! (*bei Muttern*)	Bei Gott!
Čoveče!, Zaboga!	Mensch! Mann!
Brate! (*Bruder!*)	Mann!
Bre!, More!	Mann!

Vorstellen

Bei förmlicherem Kennenlernen nennt man den Vor- oder Zunamen, je nachdem wie man genannt werden will, und sagt anschließend:

Drago mi je!
liebes mir ist
Angenehm!

Bilo mi je drago što smo se upoznali!
Es war mir eine Freude, Sie / dich kennenzulernen!

Kako se zoveš? **Kako se zovete?**
wie sich du-rufst *wie sich ihr-ruft?*
Wie heißt du? Wie heißen Sie? / heißt ihr?

Zovem se Horst.
ich-rufe sich Horst
Ich heiße Horst.

A Vi / ti?
und ihr / du
Und Sie / du?

Odakle si? / Odakle ste?
woher bist / woher seid
Wo kommst du / kommen Sie her?

Ja sam iz Švajcarske.
ich bin aus Schweiz
Ich bin aus der Schweiz.

Gde živiš / stanuješ?
wo du-lebst / du-wohnst
Wo lebst / wohnst du?

Živim u Ženevi. *(6. Fall)*
ich-lebe in Genf
Ich lebe in Genf.

Koliko imaš godina? *(2. Fall Mz)*
wie-viel du-hast der-Jahre?
Wie alt bis du?

Imam trideset godina. *(2. Fall Mz)*
ich-habe dreißig der-Jahre
Ich bin 30.

Šta radite?
was ihr-arbeitet
Was arbeiten / machen Sie?

Gde radite?
wo ihr-arbeitet
Wo arbeiten Sie?

Šta ste po zanimanju / po narodnosti? *(3. Fall)*
was seid gemäß Beruf / gemäß Nationalität
Was sind Sie von Beruf? /
Welche Nationalität haben Sie?

Ja sam radnik.	Ich bin Arbeiter.
... nameštenik.	... Angestellter.
... službenik / činovnik.	... Beamter.
... učenik.	... Schüler / Azubi.
... student.	... Student.
... penzioner.	... Rentner.

Die weiblichen Bezeichnungen erhält man, wenn man die Endung -ik durch -ica ersetzt (radnik - radnica) bzw. -kinja oder -ka anhängt:

student	**studentkinja**
doktor	**doktorka**

Belgijanac / Belgijanka	Belgier / Belgierin
Nemac / Nemica	Deutscher / Deutsche
Nizozemac / Nizozemka	Niederländer / Niederländerin
Austrijanac / Austrijanka	Österreicher / Österreicherin
Švajcarac / Švajcarka	Schweizer / Schweizerin

© Boggy@dreamstime.com

Festung Golubac an der Donau

Zu Gast sein

Serben und Montenegriner sind leidenschaftliche und fürsorgliche Gastgeber – und immer neugierig auf ihren Besuch.

Unter jungen Leuten trifft man sich, vor allem abends, eher zu Hause, als dass man ausgeht. Die Gaststätten sind für viele junge Leute ziemlich teuer. Kaum jemand jobbt, denn Jobs gibt es nur wenige. Das Geld kommt von den Eltern. Außerdem schließen viele Lokale schon vor Mitternacht. Statt dessen geht man bei engerer Bekanntschaft, auch unangemeldet, mal eben vorbei und macht eine sedeljka *(Sitzfete)* oder žurka *(Party)*.

Auch bei Älteren kehrt man ohne weiteres unangemeldet auf einen Sprung na kaficu *(auf ein Kaffeechen)* ein.

Für einen ausgedehnten ersten Besuch, auch bei einer Einladung, sollten Sie aber durchaus ein wenig förmlicher sein.

Mit einem Smartphone können Sie sich die mit einem gekennzeichneten Sätze dieses Kapitels anhören.

Einladung

Dođite nam u goste!
kommt uns in Gäste
Kommt / Kommen Sie zu uns zu Besuch!

Vrlo rado! Kada vam odgovara?
sehr gern wann euch es-entspricht
Sehr gern! Wann passt es Ihnen?

Nažalost, ne možemo u subotu.
leider nicht wir-können in den-Samstag
Leider können wir am Samstag nicht.

Već smo zauzeti / imamo neke planove.
schon sind besetzte / haben irgendwelche Pläne
Wir haben schon was vor.

Mi bi Vas rado posetili u ponedeljak.
wir würde euch gerne besuchte in den-Montag
Wir würden Sie gerne am Montag besuchen.

Ganz pünktlich zu kommen ist in Serbien nicht besonders höflich, denn die Gastgeber stecken vielleicht noch in der Vorbereitung. Bis zu einer Viertelstunde Verspätung ist angebracht. Auf jeden Fall aber:

Izvinite što kasnimo.
entschuldigt dass wir-verspäten
Entschuldigen Sie bitte unsere Verspätung.

Izvolite, uđite, sedite!
beliebt hineingeht setzt(-euch)
Bitte, kommen Sie herein, setzen Sie sich.

Skinite kaput / jaknu / cipele.
abnehmt Mantel / Jacke / Schuhe
Ziehen Sie sich den Mantel / die Jacke / die Schuhe aus.

Raduje nas što ste došli / što ste nas pozvali.
freut uns dass seid gekommene / dass seid uns gerufene
Es freut uns, dass sie gekommen sind / uns eingeladen haben.

Ein wirklich auffallender Brauch ist der Begrüßungs- und Abschiedskuss, auf Deutsch gerne – warum eigentlich? – „Bruderkuss" genannt. Hierzulande inzwischen recht mondän, ist er in Serbien eine völlig unaffektierte uralte Tradition. Wenn man sich ein bisschen kennt, kann man sich zur Begrüßung wie zum Abschied auf die Wange küssen. Es ist so etwas wie ein herzlicherer Händedruck. Am besten genau hinsehen, wie es die Gastgeber handhaben.

Zur Technik: Natürlich immer zuerst die Dame des Hauses, den Herrn aber genauso (d. h. auch von Mann zu Mann!), und zwar zumeist dreimal (links-rechts-links). Man kann sich richtig beschmatzen (die Lippenfront oder Mundwinkel) oder auch distinguiert vorbeibusserln, ganz wie es beliebt. Dabei gibt man sich die Hand oder fasst sich an den Schultern. Sie können ruhig die Initiative ergreifen, wenn es Ihnen gut gefallen hat.

Jemand, dessen Haus man das erste Mal betritt, bekommt ein poklon *(Geschenk): Blumen, Kosmetika, Alkoholika. Kinder erwarten immer eine Kleinigkeit. Aber Vorsicht: Die Leute beschäftigen ihr Gedächtnis gerne mit dem Nachhalten endloser Verbindlichkeiten und Verpflichtungen.*
Nemojte preterivati!
„Nicht übertreiben!"

Gastgeber & Gast

Oberste Gastgeberregel ist: Der Gast tut nichts! In den meisten Fällen wird man Ihnen nicht einmal erlauben, die Betten selbst zu machen, wenn Sie über Nacht geblieben sind. Ein miserabler Gastgeber, der seinen Gast seine šljivovica selbst holen oder gar das Geschirr mitspülen lässt. Aber: will man sich nicht von vorne bis hinten bedienen lassen, darf man sich ruhig beharrlich wehren.

Molim Vas, sam / sama ću.
bitte euch alleine(m/w) ich-werde
Ich bitte Sie, das mache ich selbst.

Dozvolite da Vam pomognem!
erlaubt dass euch ich-helfe
Gestatten Sie, dass ich Ihnen helfe!

Ja ću Vam pomoći ...
Ich werde ihnen helfen ...

... da operemo sudove.
... dass wir-waschen Geschirr
... das Geschirr zu spülen.

... da namestimo krevete.
... dass wir-hinstellen Betten
... die Betten zu machen.

... da postavimo sto.
... dass wir-aufstellen Tisch
den Tisch zu decken.

... da spremimo sobu.
... dass wir-bereiten Zimmer
... das Zimmer aufzuräumen.

Zajedno ćemo! / Hajdemo zajedno!
zusammen wir-werden / los-wir zusammen
Das machen wir zusammen!

Und als letztes Mittel:

To se kod nas tako radi.
das sich bei uns so es-macht
Das macht man bei uns so.

Takav je kod nas običaj.
solcher ist bei uns Brauch
So ist es bei uns üblich.

Die Gastgeber werden nämlich genauso beharrlich sein. Vor allem in dem Bestreben, den Gast mit Essen vollzustopfen, bis er bewusstlos vom Stuhl sackt.

Da li ste gladni? Hajdemo da jedemo!
ob ? seid hungrige los-wir dass wir-essen
Seid ihr / Sind Sie hungrig? Lasst uns essen!

Geben Sie sich ein bisschen Mühe: Es gilt in der Tat als kleiner Affront, das reichlich Angebotene zu verschmähen. Da die Hausherren oft selber auftragen, ohne zu fragen, hilft hier nur inständig zu bitten:

Samo malo, molim Vas / te!
nur weniges bitte euch / dich
Nur ein bisschen, bitte!

Tek sam jeo / jela.
erst bin gegessener / gegessene
Ich habe gerade erst gegessen.

Dosta mi je toliko, hvala.
genug mir ist sovieles Dank
Das reicht mir, danke.

Još sam sit / sita.
noch bin satt / satte
Ich bin noch satt.

Jao, pući ću!
aua platzen ich-werde
Oje, ich platze gleich!

Ein Gastgeber erwartet allerdings auch seinen Lohn: Kein Dank, kein Lob ist zu überschwänglich!

Zaista ne mogu više, hvala!
wirklich nicht ich-kann mehr Dank
Ich kann wirklich nicht mehr, danke!

Odlično / divno prija.
ausgezeichnet / wunderbar es-schmeckt
Es schmeckt ausgezeichnet / wunderbar.

Veoma je ukusno.
sehr ist schmackhaftes
Es ist sehr lecker.

Bilo je prekrasno.
gewesenes ist zu-schönes
Es war toll.

Kako ste to ...
wie seid das
Wie haben Sie das ...

... napravili?	*... gemachte*	... gemacht?
... pripremili?		... zubereitet?
... skuvali?		... gekocht?
... ispekli?		... gebacken / ... gebraten?

Morate mi dati recept.
ihr-müsst mir geben Rezept
Sie müssen mir das Rezept geben.

Bei vielen Leuten dröhnen pausenlos Radio und Fernseher.

Može li televizor / radio malo tiše?
es-kann ? Fernseher / Radio wenig leiser
Kann man den Fernseher / das Radio ein wenig leiser stellen?

jače	lauter
stišati (stišam)	leiser stellen
pojačati (pojačam)	lauter stellen

Serben reden offen über Geld. Wenn Sie jemand also nach Ihren Einkünften fragt, ist das nicht ungewöhnlich. Im alten Jugoslawien wurde der Lohn in den Betrieben öffentlich ausgehandelt; jeder wusste, wer wieviel verdiente. Dass das den Neid abgebaut hätte, kann man jedoch kaum behaupten.

Ako smem da pitam, koliko Vi zarađujete?
wenn ich-darf dass ich-frage wieviel ihr ihr-verdient
Wenn ich fragen darf, wie viel verdienen Sie?

Moja plata je oko ...
mein Lohn ist um ...
Ich verdiene um ...

Verabschieden

Beim Verabschieden nicht vergessen:

Bilo nam je veoma lepo sa vama.
gewesenes uns ist sehr schönes mit euch
Es war für uns sehr schön mit euch / Ihnen.

Hvala Vam / ti na gostoprimstvu / jelu.
Dank euch / dir auf Gastfreundschaft / Essen
Vielen Dank für die Gastfreundschaft / das Essen.

Puno hvala na svemu.
viel Dank auf allem
Vielen Dank für alles

Pusice.
Küsschen, Küsschen

Toilettengang

Moram na jedno mesto.
ich-muss auf einen Ort
Ich muss mal ...

женски	**ženski**	Damen
мушки	**muški**	Herren

Gde Vam je klozet / toalet?
wo euch ist Klosett / Toilette
Wo haben Sie das Klo / die Toilette?

Die öffentlichen Toiletten sind im allgemeinen recht verdreckt. In Zügen ... na ja, da kann ich eigentlich nur raten, drei Tage vorher nichts mehr zu sich zu nehmen. Am unbedenklichsten ist noch der gute alte čučavac *(das balkanische Hockklo)*, weil man sich nämlich auf keine Brille von zweifelhaftem hygienischen Zustand setzen muss.

Es empfiehlt sich, immer ein paar Papiertaschentücher in der Tasche zu haben, wenn es auf ein öffentliches oder ein Restaurant-Klo geht. Denn klozet-papir *(Klopapier)* wird, obwohl es in jedem Supermarkt massenhaft herumliegt, offenbar nie hineingelegt.

Eine alte Anekdote besagt, dass die opanci (Bauernschuhe) deshalb so hoch geschnabelt sind, damit man sich beim Hocken an ihnen festhalten kann.

Mittlerweile gibt es schon Etablissements mit ordentlichen Sanitäranlagen. Dies sind aber eher die höherpreisigen.

Rathaus von Novi Sad bei Nacht

Unterkunft

Mit einem Smartphone können Sie sich die mit einem 🔊 gekennzeichneten Sätze dieses Kapitels anhören.

Evo nas, stigli smo, tu smo.
voilà uns angekommene wir-sind da wir-sind
Da wären wir, wir sind angekommen, wir sind da.

Am schönsten wohnt es sich in Serbien in Privatzimmern. Wenn man nicht unterwegs schon Schildern mit der Aufschrift пансион pansion *(Pension)* oder собе sobe *(Zimmer)* begegnet ist, frage man einen Passanten:

🔊 **Da li znate ko ovde izdaje sobe?**
ob ? ihr-wisst wer hier er-vermietet Zimmer
Wissen Sie, wer hier Zimmer vermietet?

Где овде има пансион?
🔊 **Gde ovde ima pansion?**
wo hier es-hat Pension
Wo gibt es hier eine Pension?

Да ли имате слободне собе?
🔊 **Da li imate slobodne sobe?**
ob ? ihr-habt freie Zimmer
Haben Sie Zimmer frei?

🔊 **Tražimo sobu sa tri kreveta.**
suchen Zimmer mit drei des-Bettes
Wir suchen ein Zimmer mit drei Betten.

za četiri osobe	für vier Personen
samo za mene	nur für mich
za jednu noć	für eine Nacht
za dve nedelje	für zwei Wochen
do prvog septembra / desetog	bis zum ersten September / Zehnten

Ist es unmöglich, etwas auf eigene Faust zu finden, dann wende man sich an das örtliche turist-biro, das Zimmer vermittelt. Dann zahlt man die offiziellen Preise, und zwar an die Agentur, die davon eine Provision kassiert.

Wendet man sich auf seiner Suche nach einer Privatunterkunft dagegen direkt an den gazda *(Wirt)* oder die gazdarica *(Wirtin)*, dann wird man Ihnen vielleicht nur mündlich einen (günstigen) Preis nennen und auf die Anmeldeformulare verzichten. Dann handelt es sich um eine Vermietung „unter der Hand", was aber nichts anderes als illegal bedeutet!

Vorsicht: Abgesehen von allgemeinen steuermoralischen Argumenten, kann Sie dann der Gastwirt auch nicht polizeilich anmelden. Das kann Ihnen bei der Ausreise Scherereien bringen.

Je li može paušalna cena u evrima?
ist ? es-kann pauschale Preis in Euros
Geht ein Pauschalpreis in Euro?

A, oprostite, ali to nažalost ne može.
ach verzeiht aber das leider nicht es-kann
Na, Verzeihung, aber das geht leider nicht.

Nun gut. Der Euro ist ausdrücklich kein zulässiges Zahlungsmittel in Serbien. Außerdem müssen Ausländer polizeilich angemeldet werden. Spätestens dann müssen ja die Karten auf den Tisch!

Die Anmeldung muss binnen 24 Stunden erfolgen. Wenn Sie nicht in einem offiziellen Beherbungsbetrieb übernachten, müssen Sie sich selbst darum kümmern.

Soba je sa doručkom / ručkom / večerom.
Zimmer ist mit Frühstück / Mittag- / Abendessen
Das Zimmer ist mit Frühstück / Mittagessen / Abendessen.

Ovo Vam je dnevna soba.
dieses euch ist tägliche Zimmer
Dies ist Ihr Wohnzimmer.

... spavaća soba	... Schlafzimmer
... kuhinja	... Küche
... kupatilo	... Bad
... tuš	... Dusche
... vece (WC) / klozet	... WC / Klo
... hodnik	... Korridor
... balkon / terasa	... Balkon / Terrasse
... bašta	... Garten
... orman	... Schrank
... frižider	... Kühlschrank
... štednjak	... Elektroherd
... rešo (na plin)	... Kochplatte (Gaskocher)
... posteljina	... Bettzeug
... peškir	... Handtuch
... mašina za veš / rublje	... Waschmaschine
... posuđe	... Geschirr

Soba je sunčana.
Das Zimmer ist sonnig.

... svetla. ... hell. **... mračna.** ... dunkel.

Upalite svetlo!
anzündet Licht
Machen Sie das Licht an!

Ugasite grejanje!
löscht Heizung
Machen Sie die Heizung aus!

Otvorite vrata!
öffnet Türe
Machen Sie die Tür auf!

Zatvorite prozor!
schließt Fenster
Machen Sie das Fenster zu!

Nemamo struju / toplu vodu.
nicht-wir-haben Strom / warme Wasser
Wir haben keinen Strom / kein Warmwasser.

Bojler ne radi / ne funkcionira.
Boiler nicht er-arbeitet / nicht er-funktioniert
Der Boiler geht nicht / funktioniert nicht.

Slavina je pokvarena.
Wasserhahn ist kaputte
Der Wasserhahn ist kaputt.

Da li ćete kuvati ovde?
ob ? ihr-werdet kochen hier
Werden wir hier kochen?

Ne, ješćemo u restoranu.
nein ess-wir-werden in Restaurant
Nein, wir werden auswärts essen.

Ovde se baca đubre / smeće.
hier sich er-wegwirft Müll
Hier wird der Müll weggeschmissen.

Uvek zaključajte vrata!
immer abschließt Türe
Schließen Sie immer die Tür ab!

(*Ez:* ključ) **Gde ćemo ostaviti ključeve?**
wo wir-werden lassen Schlüssel
Wo tun wir die Schlüssel hin?

In einer serbischen Bauernstube

Essen & Trinken

Alleine für die Namen der Speisen wäre ein mindestens dreibändiges Wörterbuch nötig. Ich musste mich darauf beschränken, nur meine Leibspeisen zu empfehlen.

Generell ist die serbische Küche eher derb, deftig, oft ölig. Verfeinerungs- und Internationalisierungsversuche können da verheerend wirken, insbesondere wenn mit Lieblosigkeit gepaart (Stichwort „Balkanrestaurant“).

gostionica гостионица	Gaststätte
restoran ресторан	Restaurant
kafana кафана	Café (nach Balkanart)
bar, bife бар / бифе	Bar (Theke, kaum Sitzplätze, schmuddelig)
kafić кафић	modisches Cafe oder Kneipe für Jugendliche
poslastičarnica посластичарница	Konditorei-Café (Süßes, Säfte, Kaffee, kein Alkohol)
ćevabdžinica ћевабџиница	Cevapcici-Imbiss
buregdžinica бурегџиница	Burek-Imbiss

In der kafana *ist gut sein! Es ist groß, hell, immer mit Straßenterrasse. Es spielt die soziale Rolle der Kneipe oder des Kaffeehauses anderer Gegenden.*

Es gibt viele regionale Spezialitäten. Man sollte wirklich gezielt nach dem suchen, was in der jeweiligen Gegend als домаће domaće *(Einheimisches, Hausgemachtes)* angepriesen wird, an Landstraßen oder abgelegeneren Orten. Nur Mut! Probajte ovo! Probieren Sie das mal!:

jelovnik јеловник	Speisekarte
iznutrice изнутрице	Innereien
mozak мозак	Hirn
škembići шкембићи	Kutteln, Pansen
džigerica џигерица	Leber vom Grill
brizle бризле	Kalbsbries vom Grill
pršuta пршута	Räucherschinken
burek бурек	Blätterteigtasche mit Hackfleisch oder Käse

Serben essen traditionell bevorzugt Fleisch. Eine Mahlzeit ohne Fleisch ist entweder keine oder eine Frechheit. Vegetarier werden sogar oft belächelt und bleiben obendrein hungrig.

gibanica гибаница	Blätterteigauflauf mit Schafskäse
pasulj пасуљ	Serbische Bohnensuppe

pržena paprika пржена паприка	gebratene Paprika in Essig und Öl
kiseli kupus кисели купус	gesäuerter Kohlkopf in Würfel geschnitten
kajmak кајмак	Streichrahm aus gekochter Milch

kajmak *ist eine im Ausland eher unbekannte Spezialität.*

Grillgerichte (jela sa roštilja јела са роштиља) wie ćevapčići ћевапчићи, ražnjići ражњићи *(Grillspieße)*, pljeskavice пљескавице *(Art Frikadellen)* waren ursprünglich nur meze мезе, also Imbiss.

An der montenegrinischen Küste isst man natürlich am besten Fisch und Meeresfrüchte:

ribe	рибе	Fische
škampe	шкампе	Scampi
dagnje	дагње	Miesmuscheln
ostrige	остриге	Austern
sipa	сипа	Tintenfisch (Sepia)
lignje	лигње	Tintenfisch (Kalmar)

Fischsuppe (riblja čorba рибља чорба) wiederum ist an Flüssen und Seen empfehlenswert; am Meer ist sie nicht so würzig.

Klassische Festschmäuse sind pečeno prase / prase na ražnju печено прасе / прасе на ражњу *(Spanferkel vom Spieß)* sowie jagnje na ražnju јагње на ражњу *(Lamm vom Spieß)*. Am besten schmecken sie in den kleinen Gasthäusern am Straßenrand überall im Land.

Spanferkel kann sogar als das serbische Nationalgericht gelten.

Süßspeisen (poslastice послaстице) triefen vor Zucker oder Honig, z. B. tulumba тулумба und baklava баклава, zwei ursprünglich türkische Süßspeisen aus Teig. Aus der österreichischen Zeit stammen krempita кремпита und šampita шампита *(Creme- und Eierschaum-Törtchen)*, krofne крофне *(Krapfen)* und palačinke палачинке *(Pfannkuchen)*. Pita пита heißt in Serbien der Strudel, süß mit Obst, aber auch herzhaft mit Hackfleisch, Spinat oder Porree.

Koji su vaši domaći specijaliteti?
Welche sind Ihre hausgemachten Spezialitäten?

Šta je tipično za ovaj kraj?
Was ist typisch für diese Gegend?

Šta nam zaista možete preporučiti?
was uns wirklich ihr-könnt empfehlen
Was können Sie uns wirklich empfehlen?

pribor za jelo, esecejg	Essbesteck (*Esszeug*)

Fali nam ... Uns fehlt ...

... kašika	ein Löffel
... viljuška	eine Gabel
... nož	ein Messer
... tanjir	ein Teller
... čaša	ein Glas
... šoljica	eine Tasse

Kelner! Da naručimo, molim!
Kellner dass wir-bestellen bitte
Kellner! Wir möchten bitte bestellen.

Ja ću / Uzeću jednu supu, molim.
ich ich-werde / nehm-ich-werde eine Suppe bitte
Ich nehme eine Suppe, bitte.

Šta ćete piti?
was ihr-werdet trinken
Was trinken Sie?

Da pijete?
dass ihr-trinkt
Zu trinken?

Donesite nam ... **belo / crno vino.**
bringt uns *weißes / schwarzes Wein*
Bringen Sie uns Weiß- / Rotwein.

Loza *trinkt man besonders in Montenegro.*

... pet loza / lozovača	fünf Trester
... dve šljivovice	zwei Sliwowitz
... jedan vinjak	einen Weinbrand
... tri piva	drei Bier
... špricer	Weinschorle
... gusti sok	trüben Obstsaft
... oranžadu	Orangenlimonade
... limunadu	Zitronenlimonade
... vruću rakiju	heißen Schnaps
... svakom po kafu	jedem einen Kaffee

vruća rakija = *heißer Sliwowitz oder Trester, wird im Winter getrunken, vergleichbar mit Grog.*

Ali tursku kafu, molim!
Aber einen türkischen Kaffee (Mokka), bitte!

Kako želite kafu? Sa šećerom ili bez šećera?
wie ihr-wünscht Kaffee mit Zucker oder ohne des-Zuckers
Wie wünschen Sie den Kaffee? Mit oder ohne Zucker?

Slađu.
süßere
Süß.

Srednju.
mittlere
Mittel.

Gorču.
bitterere
Kein Zucker.

Da platimo, molim.
dass wir-bezahlen bitte
Bezahlen, bitte.

Račun, molim.
Rechnung bitte
Die Rechnung, bitte.

Zajedno ili posebno?
zusammen oder einzelnes
Zusammen oder getrennt?

Živeli!
gelebte(Mz)
Prost!

Prijatno!
angenehmes
Guten Appetit!

Unterwegs

mit dem Auto

Evo šta će Vam trebati ako idete svojim autom.
voilà was es-wird euch nötig-sein wenn ihr-geht mit-eigenem mit-Auto.
Hier ist, was Sie brauchen werden, wenn Sie mit dem eigenen Auto unterwegs sind.

put пут	Weg, Straße; Reise, Fahrt
autoput аутопут	Autobahn; der „Autoput"
drum друм	Landstraße
raskrsnica раскрсница	Kreuzung
saobraćajni znak саобраћајни знак	Verkehrsschild
semafor семафор	Ampel
benzinska pumpa / stanica бензинска пумпа / станица	Tankstelle
benzin бензин	Benzin
dizel дизел	Diesel
super супер	Super

Der Autoput *schlechthin war in jugoslawischer Zeit die europäische Hauptroute von der österreichischen zur griechischen Grenze, die das Land der ganzen Länge nach durchquerte (über Ljubljana, Zagreb, Belgrad, Niš). Er war berüchtigt für seine chronische Überlastung und Unfallgefahr, zumal er damals noch längst nicht durchgängig als Autobahn ausgebaut war. Auch dies hat sich aber längst radikal geändert.*

bez olova без олова	bleifrei
ulje уље	Öl
voda вода	Wasser
vazduh ваздух	Luft
servis / radionica сервис / радионица	Service / Werkstatt
popravka поправка	Reparatur
rezervni delovi резервни делови	Ersatzteile
alat алат	Werkzeug
parkiralište, parking паркиралиште, паркинг	Parkplatz
parkirati (parkiram) паркирати / паркирам	parken
vozačka dozvola возачка дозвола	Führerschein

Napunite do kraja, molim.
auffüllt! bis des-Endes bitte
Bitte volltanken!

Joj, izgubili smo se.
auweia verlorene wir-sind sich
Oje, wir haben uns verfahren.

Je li ovuda za Dećane?
ist ? hier-entlang für Dećani
Geht es hier entlang nach Dećani?

Ne, ne, onuda!
nein nein da-entlang
Nein, da entlang!

Kako ću doći do Užica?
wie ich-werde kommen zu Užice?
Wie komme ich nach Užice?

Pomozite mi, imao sam ...
Helfen Sie mir, ich hatte ...

... kvar ... квар	... eine Panne.
... nesreću, nezgodu ... несрећу, незгоду	... ein Unglück.
... sudar ... судар	... einen Zusammenstoß.

Sve je pokvareno. Šta da radim?
alles ist kaputtes was dass ich-mache
Alles ist kaputt. Was soll ich machen?

Gde mogu popraviti auto?
wo ich-kann reparieren Auto
Wo kann ich das Auto reparieren lassen?

Mogu vas povesti do sledećeg mesta.
ich-kann euch mitnehmen zu folgenden des-Ortes
Ich kann euch / Sie bis zum nächsten Ort mitnehmen.

ići autostopom *(trampen) ist in Serbien an den Fernstraßen unüblich. Auf dem Land wird man für kurze Strecken aber gern mitgenommen.*

mit öffentlichen Verkehrsmitteln

pažnja! пажња Achtung!

Nachdem der öffentliche Nahverkehr in den Jahren der Isolation Serbiens durch Treibstoff- und Materialmangel völlig auf den Hund gekommen war, haben sich jetzt die Verhältnisse wieder normalisiert. Dennoch kann sich noch immer der Rückstand bei den Investitionen bemerkbar machen. Als Alternative bietet sich ein Mietwagen (rentakar) an.

stanica станица	Haltestelle, Station
železnička stanica железничка станица	Bahnhof *(Eisenbahn)*
autobuska stanica аутобуска станица	Busbahnhof, Bushaltestelle
trolejbuska stanica тролејбуска станица	Trolleybus-haltestelle
tramvajska stanica трамвајска станица	Straßenbahn-haltestelle
taksi-stanica такси-станица	Taxihalteplatz

karta za карта за *Karte nach (wörtlich: Karte für)*

Tri karte za Kraljevo, molim!
Drei Karten nach Kraljevo, bitte.

autobuska karta аутобуска карта	Busfahrschein
karta za autobus карта за аутобус	Fahrschein für den Bus

rezervacija резервација	Platzkarte
prodaja karata продаја карата	Kartenverkauf
šalter шалтер	Schalter
red vožnje ред вожње	Fahrplan
dolazak (dolasci) долазак / доласци	Ankunft (Ankünfte)
odlazak (odlasci) одлазак / одласци	Abfahrt(en)
peron перон	Bahnsteig, Bussteig
kolosek колосек	Gleis
čekaonica чекаоница	Wartesaal

mit der Eisenbahn

An jedem Bahnhof wird man sofort von Herren in blauen Uniformen angesprochen. Das sind Gepäckträger (nosači).

prtljag, bagaž, gepek пртљаг, багаж, гепек	Gepäck
kofer кофер	Koffer
ranac, ruksak ранац, руксак	Rucksack
torba торба	Tasche

Gde možemo ostaviti prtljag?
wo wir-können lassen Gepäck
Wo können wir das Gepäck lassen?

Tamo, u garderobi.
dort in Gepäckaufbewahrung
Dort, in der Gepäckaufbewahrung.

Das Eisenbahnnetz ist dünn, die Züge sind voll und langsam. Dabei kommen sich die Reisenden recht nahe, allerdings auch schon einmal Wertsachen auf ungesetzliche Weise abhanden. Zum Trost gibt es in den Liegewagen beim Schaffner (kondukter) immer einen Schnaps, Bier, Saft oder Tee.

železnica железница	Eisenbahn
voz воз	Zug
kola, vagon кола, вагон	Wagen, Waggon
kupe купе	Abteil
kušet-kola кушет-кола	Liegewagen
spavaća kola спаваћа кола	Schlafwagen
(ne)pušači непушачи / пушачи	(Nicht-)Raucher
mesto место	Sitzplatz, Stelle, Ort

bzw. auch
kola sa ležajima
кола са лежајима

Kada polazi voz za Bar?
wann er-losgeht Zug für Bar
Wann fährt der Zug nach Bar ab?

Izvinite, gde je vagon broj sedamdeset pet?
entschuldigt wo ist Waggon Nummer siebzig fünf?
Entschuldigung, wo ist der Wagen Nr. 75?

mit dem Bus

Mit Überlandbussen wird in Serbien viel mehr gereist als mit der Bahn. Sie sind recht zuverlässig und schnell, und man kommt vor allem überall hin.

autobus аутобус	Reisebus	**vozač** возач	Fahrer

Da li stajete u Čačku?
ob ? ihr-steht in Čačak
Halten Sie in Čačak?

Da li ovaj autobus ide preko Novog Sada?
ob ? dieser Autobus geht über Novi Sad?
Fährt dieser Bus über Novi Sad?

Nema mesta, autobus je pun!
nicht-es-hat des-Platzes Autobus ist voll
Es gibt keinen Platz mehr, der Bus ist voll!

Izvinite, ali to je moje mesto!
entschuldigt aber das ist mein Platz
Verzeihen Sie, aber das ist mein Platz!

mit dem Flugzeug

Koliko košta let za Podgoricu?
wie-viel er-kostet Flug für Podgorica
Was kostet ein Flug nach Podgorica?

avion	авион	Flugzeug
aerodrom	аеродром	Flughafen
avionska karta	авионска карта	Flugticket
aerodromska taksa	аеродромска такса	Flughafen-gebühr

Gde polazi autobus za aerodrom?
wo er-losfährt Bus für Flughafen
Wo fährt der Bus zum Flughafen ab?

mit dem Schiff

brod	брод	Schiff
trajekt	трајект	Fähre
pristanište	пристаниште	Anlegestelle
luka	лука	Hafen

Gde mogu iznajmiti motorni čamac za jedan dan?
wo ich-kann ausleihen motorisches Boot für ein Tag
Wo kann ich ein Motorboot für einen Tag ausleihen?

in der Stadt

saobraćaj	саобраћај	Verkehr
prevoz	превоз	öffentlicher Nahverkehr
tramvaj	трамвај	Straßenbahn
autobus	аутобус	Bus
trolejbus	тролејбус	Trolleybus
taksi	такси	Taxi
taksista	таксиста	Taxifahrer

Je li može do centra?
ist ? es-kann zu des-Zentrums
Ins Zentrum, geht das?

Koliko će koštati?
wie-viel es-wird kosten
Wie viel wird das kosten?

Taksi košta oko sto dinara po kilometru.
Taxi es-kostet um hundert von-Dinare pro Kilometer
Das Taxi kostet etwa 100 Dinar pro km.

Prtljag se uvek plaća posebno!
Gepäck sich immer es-bezahlt einzelnes
Gepäckstücke werden immer extra bezahlt!

Gde ti stanuješ?
wo du du-wohnst
Wo wohnst du?

Kako ti se zove ... ?
wie dir es-heißt
Wie heißt dein / deine ... ?

... kraj	Gegend
... četvrt	Viertel
... ulica	Straße
... trg	Platz

Koja ... ? Welche(s) ...? **Koj ... ?**

zgrada	Gebäude	**broj**	Nummer
kuća	Haus	**sprat**	Etage
		stan	Wohnung

Kako se ide tamo?
wie sich es-geht dahin
Wie kommt man dahin?

Koliko je to daleko?
wie-viel ist das weites
Wie weit ist das?

Sasvim je blizu.
völlig ist nah
Es ist ganz nah.

Bolje idite peške!
besser geht zu-Fuß
Gehen Sie besser zu Fuß!

Im Serbischen fahren die Verkehrsmittel nicht, sie „gehen".

Avion ide iz Budimpešte preko Minhena u Njujork.
Flugzeug es-geht von Budapest(2. Fall) über München(2. Fall) in New-York(4. Fall)
Das Flugzeug fliegt von Budapest über München nach New York.

Ebenso die Passagiere selbst: man „geht“:

Idemo autom.
Wir „gehen“ mit dem Auto.

... vozom	mit dem Zug.
... motociklom.	mit dem Motorrad

Išla je brodom.
Sie „ging“ mit dem Schiff.

... avionom	mit dem Flugzeug
... taksijem	mit dem Taxi

Dazu nimmt man den 7. Fall, den Instrumental, mit der Endung -om (seltener -em). Er bezeichnet immer ein Hilfsmittel, das benutzt wird, also „mit“ im Sinne von „mittels“.

Wenn man hingegen z. B. „Ich fahre mit einer Freundin“ sagen will, also „mit“ im Sinne von „zusammen mit“ (Begleitung), dann benutzt man die Präposition sa, die aber auch den 7. Fall verlangt:

Idem sa jednom prijateljicom.
(zajedno sa, skupa sa – *zusammen mit*)

Vozite oprezno!	Fahren Sie vorsichtig!
Srećan put!	Gute Reise! / Gute Fahrt!
Srećan ostanak!	Gutes Dableiben!

Einkaufen

Mit einem Smartphone können Sie sich mit einem ➈ gekennzeichneten Sätze dieses Kapitels anhören.

radnja, dućan (za ...) радња, дућан за...	Geschäft, Laden (für ...)
prodavnica продавница	Verkaufsstelle, Laden
samoposluga самопослуга	Selbstbedienung
supermarket супермаркет	Supermarkt
robna kuća робна кућа	Kaufhaus
trgovački centar трговачки центар	Einkaufszentrum
trafika трафика	Kiosk
pijaca пијаца	Markt

Die Öffnungszeiten sind uneinheitlich. Oft sind Läden bis 20 oder 21 Uhr geöffnet, dafür aber über Mittag geschlossen. Städtische Eckläden, die bis in die Nacht geöffnet haben, heißen dragstor *(Drugstore)*. Moderne Einkaufszentren haben lange Öffnungszeiten.

radno vreme	радно време	Geschäftszeit
otvoreno	отворено	geöffnet
zatvoreno	затворено	geschlossen
ulaz	улаз	Eingang
izlaz	излаз	Ausgang
vuci!	вуци	Ziehen!
guraj!	гурај	Drücken!

Tako, idem u kupovinu.
so ich-gehe in den-Einkauf
So, ich gehe einkaufen.

Tražim papir. Gde mogu da ga nađem?
ich-suche Papier wo ich-kann dass ihn ich-finde
Ich suche Papier. Wo kann ich es finden?

Da li imate sapun?
ob ? ihr-habt Seife
Haben Sie Seife?

Gde stoji sapun?
wo sie-steht Seife
Wo steht die Seife?

Ima ... Es gibt ...
Nema ... Es gibt kein / keine ...

Ima li sapuna?
es-hat ? der-Seife
Gibt es Seife?

Nema, rasprodato je.
nicht-es-hat ausverkauftes ist
Gibt's nicht, ist ausverkauft.

auf dem Markt

Da li biste mi još jedanput izmerili / izračunali?
ob ? ihr-würdet mir noch einmal gemessene / gerechnete
Würden Sie es mir bitte nochmal abwiegen / vorrechnen?

Hier ist Entschiedenheit und Höflichkeit angebracht, denn natürlich kann es einen Verkäufer (prodavac), allesamt pošteni ljudi *(ehrliche Leute)*, beleidigen, wenn man die Exaktheit seiner blitzartigen Rechen- und Wiegemanöver anzweifelt.

Ein Tipp: Bei den Verkäuferinnen (prodavačice) selbstgemachter Milchprodukte, Backwaren oder von Obst darf man kosten. Das wichtigste Wort dazu ist probati (probam). Es bedeutet „probieren" im dreifachen Sinne, d. h.: 1. von etwas kosten, 2. etwas anprobieren, 3. versuchen, etwas zu tun.

Mogu li da probam?
ich-kann ? dass probiere
Darf ich mal kosten?

Probaj te opanke!
probier diese Opanken
Probier diese Opanken an!

Probao sam da nađem sveže voće!
probierter bin dass ich-finde frisches Obst
Ich habe versucht, frisches Obst zu finden!

Privates Schnapsbrennen ist in Serbien erlaubt, weshalb auch ganze Landstriche zu Zeiten der Pflaumenernte (šljiva – *Pflaume*) im Delirium feiern. Man sollte keinen Stand (štand oder tezga) mit hausgebranntem Schnaps (domaća rakija) auslassen.

Feilschen (cenjkati se, von cena *Preis*) ist auf Märkten grundsätzlich möglich. Allerdings ist es wichtig, sehr kritisch zu sein, unendlich viel Zeit und natürlich überhaupt kein Geld zu haben.

Ne sviđa mi se baš toliko.
nicht es-gefällt mir sich gerade so-viel
Es gefällt mir eigentlich nicht ganz so gut.

Pa znate, mi nismo bogataši.
dann ihr-wisst wir nicht-sind reiche-Leute
Na wissen Sie, wir sind keine reichen Leute.

Besonders nett klingt man, wenn man in die Sätze die Dativformen Vam *(ihnen)*, mi *(mir)* oder nam *(uns)* einstreut. Das ist dann der so genannte „empathische" (oder auch „ethische") Dativ. Er ist so etwas wie ein verbaler Klaps auf die Schulter und bringt ein vertrauensvolles Verhältnis zum Gesprächspartner zum Ausdruck.

Koliko Vam košta to?
wie-viel euch es-kostet das
Wie viel kostet das denn so?

Šta Vam košta ... ? **Pošto Vam je ... ?**
was euch es-kostet *zu-was euch ist*
Was kostet ... denn so?

Nemam toliko novca!
nicht-ich-habe soviel Geldes
So viel Geld habe ich nicht.

Ah, to mi je skupo.
ach das mir ist teures
Ach, das ist mir zu teuer.

Ja bi Vam najviše dao / dala ...
ich würde euch meistes gegebener / gegebene
Ich würde Ihnen höchstens ... geben.

Pa, nije baš sveže!
dann nicht-ist gerade frisches
Frisch ist es nicht gerade.

kleiner Einkaufszettel

Treba mi ...
es-ist-nötig mir
Ich brauche ... *(Ez)*

Trebaju mi ...
sie-sind-nötig mir
Ich brauche ... *(Mz)*

hrana, namirnice храна, намирнице	Lebensmittel
hleb хлеб	Brot
meso месо	Fleisch
kobasica кобасица	Dauerwurst, Salami
šunka шунка	Schinken
slanina сланина	Speck
riba риба	Fisch
mleko млеко	Milch
sir сир	Käse (*auch* Quark)
puter, maslac путер, маслац	Butter
kiselo mleko кисело млеко	Joghurt, Dickmilch
jaja jaja	Eier
povrće поврће	Gemüse

voće воће	Obst
kolač колач	Kuchen
keks кекс	Keks
džem, marmelada џем, мармелада	Marmelade, Konfitüre
sladoled сладолед	Eis
začini *(Mz)* зачини	Gewürze
so – biber со – бибер	Salz – Pfeffer
šećer шећер	Zucker
pića *(Mz)* пића	Getränke
vino – pivo вино – пиво	Wein – Bier
rakija ракија	Schnaps
kisela voda кисела вода	Mineralwasser
sok, džus сок, џус	Saft
(mlevena) kafa (млевена) кафа	(gemahlener) Kaffee
čaj чај	Tee
kozmetika козметика	Kosmetik

sapun сапун	Seife
šampon шампон	Shampoo
pasta za zube паста за зубе	Zahnpasta
četkica za zube четкица за зубе	Zahnbürste
(ženski) ulošci (женски) улошци	Damenbinden
papirnate maramice папирнате марамице	Papiertaschentücher
klozet-papir клозет-папир	Klopapier
prašak (za veš) прашак (за веш)	Waschpulver
sredstvo средство	Mittel
... za pranje sudova ... за прање судова	Spülmittel

am Kiosk

papir, hartija папир, хартија	Papier
... za pisma ... за писма	Briefpapier
dopisnica дописница	Postkarte
poštanska marka поштанска марка	Briefmarke
... za Nemačku ... за Немачку	... nach Deutschland

olovka оловка	Bleistift
hemijska olovka хемијска оловка	Kugelschreiber
duvan дуван	Tabak
paklo cigareta пакло цигарета	Schachtel Zigaretten
šibice шибице	Streichhölzer
upaljač упаљач	Feuerzeug
(nemačke) novine (немачке) новине	(deutsche) Zeitung

Wünscht man die Menge „eins" von einer Einheit, wird oft das Zahlwort jedan, jedna, jedno weggelassen:

Paklo cigareta, molim.
Päckchen der-Zigaretten bitte
Eine Päckchen Zigaretten, bitte.

Dajte mi ...
Geben Sie mir ein/e ...

litar	Liter
decilitar	Deziliter
kilo	Kilo
dvesto grama	200 Gramm
komad	Stück
pakovanje	Packung

paklo	Päckchen
kutiju (*von* kutija)	Schachtel
konzervu (*von* konzerva)	Dose
teglu (*von* tegla)	Einmachglas *(Marmelade)*
bocu, flašu (*von* boca, flaša)	Flasche

Denken Sie an die Regel zum Gebrauch der Fälle bei Zahlwörtern: 2 bis 4 – 2. Fall Einzahl, 5 bis 0 – 2. Fall Mehrzahl.

dva / pet	**komada / pakovanja / pakla / litra / kila**
dve	**kutije / konzerve / tegle / flaše / boce**
pet	**kutija / flaša / boca**

Manche Wörter haben abweichende Endungen im 2. Fall Mehrzahl, z. B.:

pet konzervi / tegli / deci

Packungseinheiten gelten auch als Mengenangaben, daher:

dve flaše vina *(2. Fall Ez)*
zwei der-Flasche des-Weines
zwei Flaschen Wein

Das liebe Geld

Die Währung Serbiens ist seit dem endgültigen Ende Jugoslawiens der serbische dinar. Dessen Unterteilung in 100 para ist rein theoretisch, da es keine solchen Münzen gibt. Die Inflationsrate betrug 2007 ca. 10 %.

Der Euro ist in Serbien nicht als Zahlungsmittel zugelassen. Kreditkarten ausländischer Banken werden nicht überall akzeptiert. Es gibt mittlerweile in den meisten Städten Geldautomaten, die sie mit einer EC-Karte benutzen können. Allerdings sind unerwartete Probleme bei der Benutzung nicht immer auszuschließen.

kreditna kartica
Kreditkarte

bankomat
Geldautomat

Gde mogu menjati valutu?
wo ich-kann wechseln Devise
Wo kann ich Devisen wechseln?

U menjačnici.
in Wechselstube
In der Wechselstube.

Gde mogu platiti?
wo ich-kann zahlen
Wo kann ich zahlen?

Gde je kasa / blagajna?
wo ist Kasse
Wo ist die Kasse?

Koliko treba da platim?
wie-viel es-ist-nötig dass ich-zahle
Was muss ich zahlen?

Šta sam Vam dužan / dužna?
was bin euch schuldiger / schuldige
Was bin ich Ihnen schuldig?

Die Regel des Fallgebrauchs nach Zahlwörtern bedeutet für dinar und evro *(Euro):*

Beachten Sie den Betonungswechsel zwischen dem 2. Fall Ez. und Mz. beim dinar.

1:	**jedan dinar / evro**	*1. Fall Ez*
2 – 4:	**dva dinara / evra**	*2. Fall Ez*
5 – 0:	**pet dinara / evra**	*2. Fall Mz*

Nemam sitno.
nicht-ich-habe winziges
Ich habe es nicht klein.

Mit dem Restgeld hält man es aus alter Gewohnheit nicht so genau. Nur die Ruhe, es wird ebensooft auf- wie abgerundet. Insgesamt bleibt es bei +/– 0.

Zar ne dobijam kusur?
etwa nicht ich-bekomme Restgeld
Bekomme ich denn nichts heraus?

Plaćam u gotovu / u dinarima.
ich-zahle in Bargeld / in Dinaren
Ich zahle bar / in Dinar.

Je li primate čekove?
ist ? ihr-annehmt Schecks
Nehmen Sie Schecks an?

Bürokratie & Telekommunikation

Schon „das Amt" hat tausend Namen: ured, ustanova, uprava, zavod, služba, organ, sekretarijat, biro, kancelarija. Die ehemalige Sozialistische Föderative Republik Jugoslawien und ihre Teilrepubliken waren nun einmal durch und durch bürokratische Gebilde. Hier durchdrangen einander wirkungsvoll die ohnehin weltweit geschätzte Flexibilität des Beamten und *„homo schaltericus"* und die sprichwörtliche balkanesisch-mediterrane Arbeitswut. Die politischen und wirtschaftlichen Reformen haben das einmal errungene Niveau bislang nicht ernsthaft gefährden können.

Nein, auch ich bin kein Freund von Eile, aber wie die meisten Einheimischen glaube ich (insgeheim fluchend), dass etwas Zuvorkommenheit und Höflichkeit dem Alltag einige Ecken und Kanten nehmen würden.

Die Leute haben ihre liebe Mühe damit, auf ordnungsgemäßem Wege ihre Angelegenheiten zu regeln. Da hilft dann oft genug nur noch preko veze *(mit Vitamin B = Beziehungen):* in allen Ämtern, aber oft auch in Banken, Postämtern, Versicherungen, bei Ärzten, zu sozialistischen Zeiten sogar in einfachen Geschäften.

Zum Glück kommt der Reisende nicht allzu häufig damit in Kontakt. Und wenn, dann gilt: 1. strpljenje *(Geduld)*, 2. učtivost *(Höflichkeit)*

Manchmal weiß ich nicht, wer erstaunter ist: die Verkäufer und Beamten über ein freundliches Lächeln, oder ich über ihre darauf folgende ungläubige, ja kopfschüttelnde Dienstfertigkeit.

und 3. odlučnost *(Entschlossenheit)*. Also ein Lächeln aufsetzen, und immer recht freundlich:

Izvinite, da li bi mi, molim Vas, dali / rekli ...
entschuldigt ob ? würde mir bitte euch gegebene / gesagte
Entschuldigen Sie bitte, könnten Sie mir ... geben / sagen ...

... budite tako ljubazni i pokažite mi ...
seid so freundliche und zeigt mir
Könnten Sie mir freundlicherweise ... zeigen?

... molim.	... bitte.
... molim Vas.	... ich bitte Sie.
Hvala najlepše!	Allerherzlichsten Dank!

Das wirkt wahre Wunder!

Formulare

carina	царина	Zoll
osiguranje	осигурање	Versicherung

Das fängt schon na granici *(an der Grenze)* an. Bis vor einigen Jahren musste man sein Auto dort gesondert versichern lassen. Jetzt heißt es aber wieder (mit Einschränkungen):

Zeleni karton važi u Srbiji.
grüner Karton er-gilt in Serbien
Die grüne Versicherungskarte gilt in Serbien.

Sie müssen nämlich nicht mehr eine teure Kurzversicherung für ihr Auto abschließen, vorausgesetzt, dass die Länderangabe SRB auf der Karte eingetragen (und nicht durchgestrichen) ist. Sonst ab zum osiguranje *(Versicherungsbüro)* direkt neben der Wechselstube.

ime (*Name*) име Vorname
prezime (*Vor-Name*) презиме Familienname

Der „Vorname" ist also im Serbischen etwas anderes als im Deutschen!

In Serbien ist es im bürokratischen Kontext nach österreichisch-ungarischem Vorbild üblich, zuerst den Familiennamen und dann (ohne Komma) den Vornamen zu nennen: Marković Gordana. Weil das vielen Serben in Fleisch und Blut übergegangen ist, stehen sie in deutschen Telefonbüchern oft falsch herum, nämlich unter ihrem Vornamen.

Die Familiennamen auf -ić und -ović bedeuten natürlich etwas. -ov ist die Besitzer-Endung: Petar – Petrov (sin) bedeutet Peters (Sohn), also sozusagen „Petersson". So heißen Russen und Bulgaren. Die Serben sind da niedlicher, denn -ić ist die Verkleinerungsendung „-chen" oder „-lein": Petrov-ić „Peterssöhnlein".

otac / ime oca	Vater / Vorname des Vaters *(im 2. Fall)*
rođen, -a *Abk.* rođ.	geboren: Geburtsdatum und -ort, *oder aber:* Mädchenname
dan rođenja	Geburtsdatum
mesto rođenja	Geburtsort

prebivalište i adresa	Wohnort und Adresse
... u Srbiji	... in Serbien
broj, *Abk.* br.	Nummer
pasoš broj	Pass Nr.
registarski broj	Kfz-Kennzeichen

Желим пријавити штету / се пријавити!
Želim prijaviti štetu / se prijaviti!
ich-wünsche anmelden Schaden / sich anmelden
Ich möchte einen Schaden anzeigen / mich anmelden!

Украли су ми фотоапарат из аута / собе.
Ukrali su mi fotoaparat iz auta / sobe.
gestohlene sind mir Fotoapparat aus Autos / Zimmers
Man hat mir meinen Fotoapparat aus dem Auto / Zimmer gestohlen.

Онда морате на полицијску станицу / полицију.
Onda morate na policijsku stanicu / policiju.
dann ihr-müsst auf polizeiische Station / Polizei(4)
Dann müssen Sie auf die Polizeiwache / zur Polizei.

bei der Post

pošta пошта Post

Auf den meisten Postämtern gibt es für jede Art von Dienstleistung jeweils besondere Schalter.

Koji je šalter za ... ?
welcher ist Schalter für
Welcher ist der Schalter für ... ?

poštansku štedionicu? поштанску штедионицу?		Postsparkasse?
marke?	марке?	Briefmarken?
telefon?	телефон?	Fernsprecher?

Dve marke za razglednice / pisma za Nemačku.
zwei Marken für Ansichtskarten / Briefe für Dtld.
Zwei Marken für Ansichtskarten / Briefe nach Deutschland.

Želim da pošaljem pismo za Austriju.
ich-wünsche dass ich-schicke Brief für Österreich
Ich möchte einen Brief nach Österreich schicken.

Telefon

Telefonkabinen (telefonska govornica) funktionieren auch in Serbien so gut wie nur noch mit Telefonkarte (telefonska kartica) und sind seltener geworden. Die praktische Alternative ist heute das Handy (mobilni) bzw. Skype & Co.

Der Angerufene meldet sich nicht mit seinem Namen, erwartet aber vom Anrufer, dass dieser erst fragt, ob er denn mit Person soundso verbunden sei. Wenn man sich also zuerst vorstellt:

– (krrc) **Ovde** (krckrrc) **Majer!**

bekommt man wohl zu hören:

Ne, ovde ne živi nikakav Majer.
nein hier nicht er-lebt nicht-was-für-einer Meier
Nein, hier wohnt kein Meier!

Die Roaming-Gebühren sind aber bei Anrufen über Ihren eigenen Anbieter enorm hoch. Für Inlandsgespräche empfiehlt sich daher der Kauf einer vertragsfreien Prepaid-SIM-Karte (pripejd SIM kartica). *Sie erhalten sie z. B. bei den Agenturen der* Telekom Srbija. *Achtung: Ihr Handy darf dabei nicht SIM-blockiert sein.*

Gde mogu da kupim pripejd SIM karticu bez mobilnog?
wo ich-kann dass ich-kaufe Prepaid SIM Karte(4) ohne mobil(2)
Wo kann ich eine Prepaid-Karte ohne Handy kaufen?

Želim da kupim napunu za moj mobilni.
ich-wünsche dass ich-kaufe Auffüllung(4) für mein mobil(4)
Ich möchte mein Handyguthaben wiederaufladen.

Internet

Es gibt in Serbien nach wie vor Internetcafés, aber auch Örtlichkeiten mit öffentlichem WLAN sind häufig (Cafés und Restaurants, Hotels, Parks und Touristenattraktionen). Nicht überall ist der WLAN-Zugang durch ein Schild ersichtlich, daher lohnt es sich zu fragen. Die Übertragungsgeschwindigkeit ist in der Regel brauchbar.

Mit jungen, computeraffinen Leuten sollte die Verständigung auf Englisch überhaupt kein Problem sein. Falls Sie es trotzdem auf Serbisch versuchen möchten, können Sie ruhig englische Fachbegriffe einstreuen.

Mogu li ovde dobiti pristup u internet?
ich-kann ? hier bekommen Zugang in Internet(4)
Kann ich hier ins Internet gehen?

Imate li besplatni Wi-Fi?
ihr-habt ? kostenloser Wi-Fi
Haben Sie kostenloses WLAN?

Kakva Vam je lozinka?
welche Ihnen ist Losung
Wie lautet Ihr Passwort?

kompjuter, računar	Computer
mreža	Netz
internet kafe	Internet-Café
imejl	E-Mail
lozinka, šifra	Passwort, Codewort
ispisati	ausdrucken

Krank sein

Ärzte findet man in Serbien im dom zdravlja *(Gesundheitszentrum)*, wo alle Ärzte in ihrer ordinacija *(Praxis)* Dienst tun. Heutzutage gibt es zwar auch Privatpraxen, aber als erste Anlaufstelle sollte die ambulanta *(Ambulanz)* dienen, schon um die Abrechnung mit den deutschen Krankenkassen zu gewährleisten.

Wenn das Wartezimmer ziemlich voll ist und es wirklich böse aussieht, kann man ruhig drängeln.

Mit einem Smartphone können Sie sich die mit einem 𝟗 gekennzeichneten Sätze dieses Kapitels anhören.

𝟗 Molim Vas, hitni slučaj!
bitte euch eiliger Fall
Bitte, ein Notfall!

𝟗 Zovite doktora / lekara / hitnu pomoć!
ruft Doktor / Arzt / eilige Hilfe(4)
Rufen Sie einen Doktor / Arzt /
die Erste Hilfe!

Muka mi je.
Übelkeit mir ist
Mir ist übel.

𝟗 Šta Vam je / nedostaje?
was euch ist / es-fehlt
Was haben Sie?

Krank sein

Die medizinische Versorgung auch in Krankenhäusern entspricht nicht dem deutschen Standard. Eine Reiseapotheke ist also sehr empfehlenswert.

Imam ...	Ich habe ...
prehladu	eine Erkältung
grip	Grippe
temperaturu	Fieber
proliv	Durchfall
vrtoglavicu	Schwindelanfälle
alergiju	eine Allergie
sunčanicu	einen Sonnenstich
ubod insekta	einen Insektenstich

Mislim da sam si nešto polomio / polomila.
ich-denke dass bin sich(3) etwas gebrochener / gebrochene
Ich glaube, ich habe mir etwas gebrochen.

Ovde sam se povredio / povredila!
hier bin sich verletzter / verletzte
Ich habe mich hier verletzt.

Tu me (strašno) boli.
da mich (furchtbar) es-schmerzt
Da tut es (furchtbar) weh.

Jao, jao! Au, au!

Treba mi lek / medicina protiv kašlja.
es-ist-nötig mir Arznei / Medizin gegen des-Hustens
Ich brauche ein Medikament gegen Husten.

Evo Vam recept za apoteku.
voilà euch Rezept für Apotheke
Hier haben Sie ein Rezept für die Apotheke.

Boli me ...	Mir tut ... weh.
glava	der Kopf
oko	das Auge
uvo	das Ohr
nos	die Nase
zub	ein Zahn
vrat	der Hals (Nacken)
grlo	der Hals (Kehle)
srce	das Herz
stomak	der Bauch
želudac	der Magen
rame	die Schulter
ruka	der Arm, die Hand
lakat	der Ellenbogen
prst	der Finger, der Zeh
noga	das Bein, der Fuß
koleno	das Knie

Bole me ... *(Mz)*	Mir tut / tun ... weh.
grudi	die Brust / Brüste
pluća	die Lunge
bronhije	die Bronchien
oči	die Augen
uši	die Ohren
polni organi	die Geschlechtsorgane
mišići	die Muskeln

Nije ništa ozbiljno.
nicht-ist nichts ernstes
Es ist nichts Ernstes.

Morate odmah u bolnicu.
ihr-müsst sofort in Krankenhaus(4)
Sie müssen sofort ins Krankenhaus.

Schimpfen & Fluchen

Das Serbische hat nicht nur viele Flüche, sie werden auch im Alltag eingesetzt – und zwar ausgiebiger und von mehr Leuten als anderswo. Den bevorzugten Gegenstandsbereich ersieht man aus diesem Basiswortschatz (Fäkalien usw. klingen da eher lächerlich):

jebati (jebem)	ficken
pička, pizda	Fotze, Möse
kurac	Schwanz
kurva	Nutte

Jebo te!
gefickter dich
Echt, ey!;
voll, echt, irgendwie *(bloßes Füllsel)*

zu verstehen als: „er möge dich ficken"

Kurac!
Schwanz
Von wegen!, Kacke!

Pizda jedna!
Fotze eine
Feigling!, Drückeberger!, Korinthenkacker!, Geizhals!

Jebi ga!
fick es
Mist!, Scheiße!

Puši kurac!, Jebi se!
rauche Schwanz fick sich
Leck mich am Arsch!

Pička ti materina!
Fotze dir mütterliche
Du Arschloch!

Idi u pičku materinu!
geh in Fotze mütterliche(4)
Hau ab, du Arsch!

Das Verständnis der Schimpfwörter erleichtert es gewiss, so manche Situation besser zu erkennen und zu meistern. Aber ich rate dringend von ihrem aktiven Einsatz ab! Man sagt besser:

Ne psuj preda mnom!
nicht fluch vor mir(7)
Fluch mich nicht an!

Boote vor Belgrad

Literaturempfehlungen

Lehrbücher

Wer sich eingehender mit der Sprache befassen möchte, sollte sich am Besten im Lande mit Sprachbüchern eindecken.
In Deutschland ist Folgendes erhältlich:

Lehrbuch der serbischen Sprache,
Band 1 und 2, von Alois Schmaus,
München: Verlag Otto Sagner.

Die hier auf geführten Bücher sind nicht über den Reise Know-How Verlag erhältlich.

Ausführliches Lehrwerk für den Universitätsunterricht, aber gut strukturiert.
ISBN: 978-3-87690-568-6 (Band 1, 1994)
ISBN: 978-3-87690-624-9 (Band 2, 1996)

Wörterbücher

Langenscheidt Universal-Wörterbuch Serbisch

Rund 30.000 Stichwörter und Wendungen. Aktueller Wortschatz mit moderner Allgemeinsprache und viel touristischem Wortschatz. Alle serbischen Wörter in kyrillischer Schrift, mit Angabe der Akzente für die richtige Betonung. Geeignet für Reisende und Einsteiger.
ISBN: 978-3-468-18350-8

Kloster Sopoćani

In den folgenden Wörterlisten ist ein Grundwortschatz von ca. 1000 Wörtern aufgeführt, mit denen man schon sehr weit kommen kann.

Abkürzungen

m	*männlich*
w	*weiblich*
s	*sächlich*
Mz	*Mehrzahl*
vo	*vollendet*
uv	*unvollendet*

Im deutsch-serbischen Teil sind die serbischen Wörter mit grammatischen Angaben versehen. Im serbisch-deutschen Teil, ist dies nicht der Fall, da es dort mehr auf das bloße Erkennen der Wörter ankommt.

A

abbiegen skretati (uv), skrenuti (vo)
Abend veče
Abendessen večera
abends uveče
aber ali
Abfahrt odlazak
Abflug poletanje
abreisen otputovati
abschleppen šlepati (uv), odšlepati (vo)
Abschied oproštaj
Abteil kupe (m)
Adresse adresa
ähnlich slič/an, -na, -no
alle svi, sve, sva (sMz)
allein sam, -a, -o
alles sve
allgemein opšti, -a, -o
als (Vergl.) nego; **(zeitl.)** kada
also dakle
alt star, -a, -o
Ampel semafor
Amt ured
anbieten nuditi (uv), ponuditi (vo)
Andenken uspomena
anderer drug/i, -a, -o
ändern menjati (uv), promeniti (vo)
anders drugačije, drukčije
Anfang početak
anfangen počinjati (uv), početi (vo)
Angelegenheit posao (m)
angenehm prijat/an, -na, -no
Angestellter namešte/nik, -nica
Angst strah
anhalten zaustaviti (se) (vo)
ankommen stizati (uv), stići (vo)
Ankunft dolazak
anmelden prijavljivati (uv), prijaviti (vo)
annehmen primati (uv), primiti (vo)
Anruf poziv
anrufen zvati (uv), pozvati (vo),
Ansichtskarte razglednica
Antwort odgovor
antworten odgovarati (uv), odgovoriti (vo)
anziehen (Kleidung) oblačiti (uv), obući (vo)
anzünden paliti (uv), zapaliti (vo)
Apfel jabuka
Apotheke apoteka
Arbeit rad
arbeiten raditi
Arbeiter radnik, -nica
arbeitslos nezaposlen, -a
arm siromaš/an, –na, -no
Arm ruka
Art (und Weise) način
Arznei lek
Arzt lekar, -ka; doktor, -ka
Arztpraxis ordinacija
Asche pepeo (m)
auch isto, takođe, i; **a. nicht** ni, niti
Aufenthaltsort prebivalište

Wörterliste Deutsch – Serbisch

aufhören prestajati (uv), prestati (vo)
aufpassen paziti
aufstehen ustajati (uv), ustati (vo)
Auge oko, oči (Mz)
Ausflug izlet
ausfüllen ispunjavati (uv), ispuniti (vo)
Ausgang izlaz
ausgezeichnet odlič/an, -na, -no
Ausländer stranac, strankinja (w)
ausländisch stran, -a, -o
aussehen izgledati
Aussicht pogled
aussteigen izlaziti (uv), izaći (vo)
ausziehen (Kleidung) skidati (uv), skinuti (vo)
Auto auto (m), kola (s Mz)
Autobahn autoput

B

Baby beba
Bach potok
backen peći (uv), ispeći (vo)
Bäckerei pekara
baden kupati se (uv), okupati se (vo)
Badezimmer kupatilo
Bahnhof železnička stanica
bald skoro
Ball lopta
Bank (Geld) banka
Bar bife (m)
Bart brada
Bauch stomak
bauen graditi
Bauer seljak, seljanka (w)
Baum drvo, stablo
Beamter službe/nik, -nica
bedeuten značiti
beeilen, sich žuriti se (uv), požuriti se (vo)
befinden, sich nalaziti se
begreifen shvatati (uv), shvatiti (vo)
behalten čuvati (uv), sačuvati (vo)
beide oba, obe
Bein noga
Beispiel primer
bekannt poznat, -a, -o
bekommen dobijati (uv), dobiti (vo)
bemerken primećivati (uv), primetiti (vo)
bemühen, sich truditi se
benachrichtigen obaveštavati (uv), obavestiti (vo)
benehmen, sich ponašati se
benutzen koristiti
Berg brdo
Beruf zanimanje
berühren doticati (uv), dotaknuti (vo)
beschäftigen mit, sich baviti se (+ 7. Fall)
Beschwerde tužba
Besen metla
besetzt zauzet, -a, -o
besichtigen razgledavati (uv), razgledati (vo)
Besitzer vlasnik
besonderer poseb/an, -na, -no
bestätigen potvrditi (vo)
bestellen naručivati (uv), naručiti (vo),
Besuch poseta
besuchen posećivati (uv), posetiti (vo)
betrunken pijan, -a, -o
Bett krevet
Bettzeug posteljina
bevor pre nego što
bewegen, sich kretati se (uv), krenuti se (vo)
Bewegung pokret
beweisen dokazivati (uv), dokazati (vo)
Biene pčela
Bier pivo
Bild slika
billig jeftin, -a, -o
bitten moliti
bitter gor/ak, -ka, -ko
Blatt list
bleiben ostajati (uv), ostati (vo)
Bleistift olovka
blind slep, -a, -o
Blitz munja (w)
Blume cvet, cveće (Mz)
Blut krv (w)
Boden pod
Bohne pasulj
Boot čamac
Botschaft ambasada
Brand požar
Brauch običaj
brauchen trebati
Braut mlada
brechen lomiti (uv), polomiti (vo)
breit širok, -a, -o
brennen goreti

Brief pismo
Briefkasten poštansko sanduče
Briefmarke poštanska marka
Brille naočare (w Mz)
bringen donositi (uv), doneti (vo)
Brot hleb
Brücke most
Bruder brat, braća (Mz)
Brunnen bunar
Brust grudi (Mz)
Buch knjiga
Buchhandlung knjižara
Burg zamak, grad
Bürger građanin, građanka (w)
Bürgersteig pločnik
Büro biro
bunt šaren -a, -o
Bus autobus
Butter maslac, puter

C / D

Café (Kneipe) kafana
(schick) kafić
Computer kompjuter, računar
da tu;
d. ist es! eno!, eto!, evo!
Dach krov
dahin tuda, tamo
Damenbinde ženski uložak
danken zahvaljivati (uv), zahvaliti (vo)
dann onda, tada
darum zato
dauern trajati
Decke ćebe;
(Zimmer-) plafon
denken misliti (uv), pomisliti (vo)
Denkmal spomenik
deutsch nemačk/i, -a, -o
dick debeo, debe/la, -lo
Dieb lopov
Diebstahl krađa
Dienst služba
Ding stvar (w)
Dolmetscher tumač
Dorf selo
dort onde
dorthin tamo
Dose limenka
draußen napolju
drehen okretati (uv), okrenuti (vo)
drinnen unutra
dumm glup, -a, -o
dunkel tam/an, -na, -no
Dunkelheit mrak
dünn tanak, tank/a, -o
Durchfall proliv
dürfen smeti
durstig žed/an , -na, -no
Dusche tuš
duschen tuširati se

E

Ebene nizina
echt prav, -a, -o
Ecke ugao (m)
Ehe brak
ehrlich pošten, -a, -o
Ei jaje
eigener svoj, -a, -e
eilig hit/an, -na, -no
Eimer kofa
Eingang ulaz
einfach jednostav/an, ^ -na,-no
eingießen točiti (uv), natočiti (vo)
einheimisch domać/i, -a, -e
einige nekoliko
einladen zvati (uv), pozvati (vo)
einmal jedanput, jednom
einschlafen zaspati
einsteigen ulaziti (uv), ući (vo)
einzig jedin/i, -a, -o
Eis (Speise-) sladoled;
(gefror. Wasser) led
Eisen železo
Eisenbahn železnica
Eltern roditelji (Mz)
empfehlen preporučivati (uv), preporučiti (vo)
Ende kraj, konac
endlich konačno
eng uzak, usk/a, -o
Entfernung daljina
entscheiden odlučivati (uv), odlučiti (vo)
entschuldigen izvinjavati (uv), izviniti (vo)
Erdbeere jagoda
Erde zemlja
Erfolg uspeh
Erholung odmor
erinnern, sich sećati se (uv), setiti se (vo)
Erkältung prehlada
erklären objašnjavati (uv), objasniti (vo)

erlauben dozvoljavati (uv), dozvoliti (vo)
ernst ozbilj/an, -na, -no
erwachsen odras/tao, -la, -lo
erwarten očekivati
erzählen pričati
essen jesti (uv), pojesti (vo)
Essig sirće
Etage sprat
etwa (in Fragen) zar
etwas nešto
existieren postojati

F

Faden nit (w), konac
Fahne zastava
Fähre trajekt
fahren (reisen) ići; **(lenken)** voziti
Fahrer vozač
Fahrrad bicikl
Fahrt vožnja
Fahrzeug vozilo
fallen padati (uv), pasti (vo)
falsch pogreš/an, -na, -no
Familie familija, porodica
Farbe boja
fast skoro
faul (träge) lenj, -a, -e; **(verfault)** tru/o, -la, -lo
fehlen faliti
Fehler greška
Feier proslava; **(Party)** fešta, žurka
Feiertag praznik
Feld polje
Fels stena
Fenster prozor
Ferien ferije (Mz)
Fernsehen televizija
Fernseher televizor
fertig gotov, -a, -o
fett mastan, masn/a, -o
feucht vlaž/an, -na, -no
Feuer vatra
Feuerzeug upaljač
finden nalaziti (uv), naći (vo)
Finger prst
Fisch riba
flach plitak, plitk/a, -o
Flasche flaša, boca
Fleisch meso
Fliege muva
fliegen leteti
Flughafen aerodrom
Flugzeug avion
Fluss reka
folgen slediti
Frage pitanje
fragen pitati
Frau (a. Ehe-) žena; **(Anrede)** gospođa
Fräulein gospođica
frei slobod/an, -na, -no
Freiheit sloboda
fremd tuđ, -a, -o
Freude radost (w)
freuen, sich radovati se (uv), obradovati se (vo)
Freund prijatelj, -ica; drug, -arica
freundlich ljubaz/an, -na, -no
Frieden mir
frisch svež, -a, -o
früh (Adv.) rano
Frühling proleće
Frühstück doručak
fühlen osećati (uv), osetiti (vo)
führen voditi
Führerschein vozačka dozvola
fürchten, sich bojati se
Fuß noga; **zu F.** pešice, peške
Fußgänger pešak

G

Gabel viljuška
ganz cel/i, -a, -o
Garten bašta, vrt
Gast gost
Gastgeber domaćin
Gaststätte gostionica
Gebäck pecivo
Gebäude zgrada
geben davati (uv), dati (vo)
Gebirge planina
geboren rođen, -a, -o
Gebühr taksa
Geburt rođenje
Geburtstag rođendan
Gedanke misao (w)
Gefahr opasnost (w)
gefährlich opas/an, -na, -no
gefallen sviđati se
Gefühl osećaj
gehen ići; **(zu Fuß)** hodati
Geld novac, pare (w Mz)
Geldbörse novčanik
gelingen uspevati (uv), uspeti (vo)
Gemeinde opština
Gemüse povrće

genau tač/an, -na, -no
genug dosta
geöffnet otvoren, -a, -o
Gepäck bagaž, prtljag
gerade prav, -a, -o
geradeaus pravo
gerne rado
Geschäft radnja, dućan
geschehen desiti se
Geschenk poklon
Geschichte priča
geschieden razveden, -a
geschlossen zatvoren, -a, -o
Geschmack ukus
Geschwindigkeit brzina
Gesetz zakon
Gesicht lice
Gespräch razgovor
gestern juče
gesund zdrav, -a, -o
Gesundheit zdravlje
Getränk piće
Gewitter nevreme
Glas (Material) staklo; **(Trink-)** čaša
glauben verovati
gleich jednak, -a, -o
Glück sreća
glücklich sreć/an, -na, -no
Glühbirne sijalica
Gold zlato
Gott Bog
Gras trava
gratulieren čestitati
Grenze granica
Grill roštilj
groß velik, -a, -o
Grund (Ursache) razlog
Gruß pozdrav
grüßen pozdravljati (uv), pozdraviti (vo)
gültig: g. sein važiti
Gürtel pojas
gut dob/ar, -ra, -ro

H

Haar kosa
haben imati
Hafen luka
Hagel grad
halb po, pola
Hälfte polovina
Hals vrat; **(Kehle)** grlo
halten držati
Haltestelle stanica
Hand ruka
Händler trgovac
Handtuch peškir
hängen visiti
hart tvrd, -a, -o
hässlich ruž/an, -na, -no
häufig (Adv.) često
Haupt- glavn/i, -a, -o
Haus kuća; **nach Hause** kući; **zu Hause** kod kuće
Hausfrau domaćica
Haut koža
heilen lečiti (uv), izlečiti (vo)
Heim dom
heiraten venčavati se; **(als Frau)** udavati se (uv), udati se (vo); **(als Mann)** ženiti se (uv), oženiti se (vo)
heiß vruć, -a, -o
heißen zvati se
helfen pomagati (uv), pomoći (vo)
hell svetao, svetl/a, -o
Hemd košulja
Herbst jesen (w)
Herr gospodin
Herz srce
heute danas
hier ovde
hierher ovamo
Hilfe pomoć (w)
Himmel nebo
hinaus napolje, van
hinausgehen izlaziti (uv), izaći (vo)
hinein unutra
hineingehen ulaziti (uv), ući (vo)
hinlegen legati (uv), leći (vo)
hinten nazad, pozadi
hoch visok, -a, -o
Hochzeit svadba
Hof dvorište
hoffen nadati se
Höhe visina
Holz drvo
Honig med
hören čuti; **(zu-)** slušati (uv)
Hose pantalone (w Mz)
hübsch zgod/an, -na, -no
Huhn kokoš
Hühnerfleisch piletina
Hund pas
hungrig glad/an, -na, -no
husten kašljati
Hut šešir

Wörterliste Deutsch – Serbisch

I

immer uvek
Insel otok
interessant zanimljiv, -a, -o
interessieren interesovati
irgendwann nekada
irgendwie nekako
irgendwo negde
irren grešiti (uv), pogrešiti (vo)

J

Jacke jakna
Jahr godina
Jahrhundert vek
jeder svak/i, -a, -o ;
(jedermann) svako
jemand neko
jetzt sada
Jugend mladost (w)
jung mlad, -a, -o
Junge dečak, dečko;
(junger Mann) momak

K

Kaffee kafa
Kalb tele
kalt hlad/an, -na, -no
Kamm češalj
kämpfen boriti se
kaputt pokvaren, -a, -o
Karte karta
Kartoffel krompir
Käse sir
Kasse kasa, blagajna
Katze mačka
kaufen kupovati (uv), kupiti (vo)
Kaufhaus robna kuća
keiner nijed/an, -na, -no
Kellner konobar
kennen znati
kennenlernen upoznavati (uv), upoznati (vo)
Kerze sveća
Kind dete, deca (Mz)
Kiosk trafika
Kirche crkva
Kissen jastuk
Kiste kutija
klar jas/an, -na, -no
Kleid haljina
Kleidung odeća
klein mal/i, -a, -o
klingeln zvoniti
klug pamet/an, -na, -no
Kneipe krčma, konoba
Knie koleno
Knoblauch beli luk
Knochen kost
Knopf dugme
kochen (Speise) kuvati
Koffer kofer
können moći
kommen dolaziti (uv), doći (vo)
Konditorei poslastičarnica
Kopf glava
Korb koš
Körper telo
Korridor hodnik
kosten (Geld) koštati
Kraft snaga
krank boles/tan, -na, -no
Krankenhaus bolnica
Krankheit bolest (w)
Kreis krug
Kreuz krst
Kreuzung raskrsnica
Krieg rat
krumm kriv, -a, -o
Küche kuhinja, kujna
Kuchen kolač
Kuh krava
Kühlschrank frižider
Kunst umetnost (w)
Kurort banja
kurz krat/ak, -ka, -ko
Kuss poljubac
Küste obala

L

lachen smejati se
Lamm jagnje
Lampe lampa
lang dug, -a, -o
langsam spor, -a, -o;
(Adv.) polako
langweilig dosad/an, -na, -no
Land zemlja
Lärm (Radau) galama
Lastwagen kamion
laufen trčati
laut glas/an, -na, -no
leben živeti
Leben život
Lebensmittel namirnice (w Mz)
Leder koža
ledig (Frau) neudata;
(Mann) neoženjen
leer praz/an, -na, -no
Lehrer učitelj, -ica
leicht lak, -a, -o
leid: tut mir l. žao mi je
leider nažalost
leihen pozajmiti

leise tih, -a, -o
lernen učiti (uv), naučiti (vo)
lesen čitati (uv), pročitati (vo)
letzter poslednj/i, -a, -e
Leute ljudi (Mz)
Licht svetlo
lieb drag, -a, (-o
Liebe ljubav (w)
lieben voleti
Lied pesma
liefern dostavljati (uv), dostaviti (vo)
liegen ležati
links levo
Lippe usna
Loch rupa
Löffel kašika
Lohn plata
losgehen, -fahren kretati (uv), krenuti (vo); polaziti (uv), poći (vo)
loslassen pustiti
Luft vazduh
Lüge laž
lustig smeš/an, -na, -no

M

machen (tun) raditi (uv), uraditi (vo); činiti (uv), učiniti (vo); **(herstellen)** praviti (uv), napraviti (vo)
Mädchen devojčica; **(jugendl.)** cura, devojka
Mais kukuruz
Mal put
manchmal ponekad
Mann muškarac; **(Ehe-)** muž
Mantel kaput
Markt pijaca
Matratze dušek
Mauer zid
Meer more
Mehl brašno
mehr više
meinen misliti
Mensch čovek
Messer nož
mieten iznajmljivati (uv), iznajmiti (vo)
Milch mleko
Minute minut
mischen mešati (uv), pomešati (vo)
mitnehmen (Personen) voditi (uv), povesti (vo); **(Dinge)** nositi (uv), poneti (vo)
Mittag podne
Mittagessen ručak
Mittel sredstvo
mögen voleti
möglich moguć, -a, -e
Möglichkeit mogućnost (w)
Monat, Mond mesec
montenegrinisch crnogorsk/i, -a, -o
morgen sutra
Morgen jutro
morgens ujutro
Mücke komarac
müde umor/an, -na, -no
Müll smeće
Mund usta (s Mz)
Musik muzika
Muskel mišić
müssen morati
Mutter majka, mati

N

Nachbar komšija (m)
Nachmittag poslepodne
Nachrichten vesti (Mz)
nächster sledeć/i, -a, -e
Nacht noć (w)
nachts noću
nackt go, gol/a, -o
Nadel igla
Nagel ekser, **(Finger-)** nokat
nahe blizu
nähen šiti (uv), sašiti (vo)
Name ime; **(Nach-)** prezime
Nase nos
nass mok/ar, -ra,-ro
Nationalität narodnost (w)
Natur priroda
Nebel magla
nehmen uzimati (uv), uzeti (vo)
Netz mreža
neu nov, -a, -o
nichts ništa
nie nikada
niedrig nizak, nisk/a, -o
niemand niko
noch još
Norden sever
nötig potreb/an, -na, -no
Nummer broj
nur samo
nützlich korist/an, -na, -no

O

ob da li
oben gore

Obst voće
obwohl iako
oder ili
Ofen (Back-) peć (w)
öffnen otvarati (uv), otvoriti (vo)
Ohr uvo, uši (Mz)
Öl ulje; **(Speise-)** zejtin
Ordnung red
Ort mesto
Osten istok

P / Q

paar, Paar par
packen pakovati
Panne kvar
Papier hartija
parken parkirati
Parkplatz parkiralište
Pension pansion
Person lice, osoba
Pfeffer biber
Pferd konj
Pflanze biljka
Pilz gljiva
Platte ploča
Platz (Raum) mesto; **(städtisch)** trg
plötzlich odjednom, iznenada
Polizei policija
Post pošta
Preis cena
probieren probati
Produkt proizvod
Punkt tačka
Quelle izvor

R

Rad točak
rasieren brijati (uv), obrijati (vo)
Rauch dim
rauchen pušiti
Raucher pušač
Raum prostor
rechnen računati (uv), izračunati (vo)
Rechnung račun
rechts desno
Regen kiša
reich bogat, -a, -o
reif zre/o, -la, -lo
reinigen čistiti (uv), očistiti (vo)
Reis pirinač
Reise put
reisen putovati
Reisepass pasoš
Rentner penzioner
reparieren popravljati (uv), popraviti (vo)
Reservierung rezervacija
Rest ostatak
Restaurant restoran
richtig tač/an, -na, -no
Rind govedo
Ring prsten
Rock suknja
roh sirov
Rücken leđa (s Mz)
Rucksack ranac
rufen zvati
Ruhe tišina
ruhig mir/an, -na, -no
rund okrug/ao, -la, -lo

S

Saft sok
sagen kazati (uv), reći (vo)
Salz so (w), 2. Fall: soli
salzig slan, -a, -o
Sand pesak
satt sit, -a, -o
sauber čist, -a, -o
sauer kise/o, -la, -lo
Schaden šteta
Schaf ovca
scharf (Messer) ošt/ar, -ra, -ro; **(Speise)** ljut, -a, -o
Schatten senka
schauen gledati (uv), pogledati (vo)
Schere makaze (w Mz)
schicken slati (uv), poslati (vo)
Schiff brod
schimpfen grditi
Schirm kišobran
Schlaf san
schlafen spavati
schlagen udarati (uv), udariti (vo)
schlecht loš, -a, -e
schließen zatvarati (uv), zatvoriti (vo)
Schlüssel ključ
schmackhaft ukus/an, -na, -no
Schmerz bol (w)
Schmetterling leptir
schmutzig prljav, -a, -o
Schnaps rakija
Schnee sneg
schneiden seći

schnell brz, -a, -o
schon već
schön lep, -a, -o
Schrank orman
schreiben pisati (uv), napisati (vo)
schreien vikati (uv), viknuti (vo)
Schritt korak
Schuh cipela
Schüler učeni/k, -ca
schützen čuvati (uv), sačuvati (vo)
schwach slab, -a, -o
Schwein svinja
schwer težak, tešk/a, -o
Schwester sestra
Schwimmbad bazen
schwimmen plivati
See jezero
sehen videti
sehr jako, veoma, vrlo
Seil kanap
Seite strana
selbst sam, -a, -o
selten (Adv.) retko
serbisch srpsk/i, -a, -o
sicher sigur/an, -na, -no
Silber srebro
singen pevati
sitzen sedeti
so tako
Sohn sin
solcher tak/av, -va, -vo
sollen trebati
Sommer leto
Sonne sunce
sonnig sunčan, -a, -o
soviel toliko
Spaß provod
spät (Adv.) kasno
Speise jelo
Speisekarte jelovnik
Spiegel ogledalo
Spiel igra
spielen igrati se
Sprache jezik
sprechen govoriti
Stadt grad
stark jak, -a, -o
stehen stajati
stehlen krasti (uv), ukrasti (vo)
Stein kamen
stellen stavljati (uv), staviti (vo)
Stern zvezda
stören smetati
Strand plaža
Straße ulica; **(Land-)** cesta
Streichholz šibica
streiten, sich svađati se
Strumpf čarapa
Stück komad
Stuhl stolica
Stunde sat, čas
suchen tražiti
Süden jug
Suppe supa, čorba
süß sladak, slatk/a, -o

T

Tabak duvan
Tag dan
täglich dnev/an, -na, -no
tagsüber danju
Tal dolina
Tante tetka
Tanz ples, igra
tanzen plesati, igrati
Tasche torba, tašna
Tasse šolja
Tee čaj
Teil deo, delovi (m Mz)
Teller tanjir
teuer skup, -a, -o
Theater pozorište, teatar
tief dubok, -a, -o
Tiefe dubina
Tier životinja
Tisch sto, stolovi (Mz)
Tochter (k)ćerka, kći
Toilette toalet, klozet
Tomate paradajz
tot mrt/av, -va, -vo
töten ubijati (uv), ubiti (vo)
tragen nositi
traurig tuž/an, -na, -no
treffen, sich nalaziti se (uv), naći se (vo)
Treppe stepenište
trinken piti (uv), popiti (vo)
Trinkgeld bakšiš
trocken suv, -a, -o
trotzdem ipak
Truthahn ćuran
Tuch (Taschen-) marama
Tür vrata (s Mz)
Tüte vreća, kesa

U

Übelkeit muka
überall svagde
übermorgen prekosutra
übrige ostal/i, -e, -a
Uhr sat, časovnik
umgekehrt obrnuto
und i, a

Wörterliste Deutsch – Serbisch

Unfall udes
ungefähr otprilike
Unglück nesreća
unten dole
Unternehmen preduzeće

V

Vater otac
vergessen zaboravljati (uv), zaboraviti (vo)
verlieben, sich zaljubiti se (vo)
verlieren gubiti (uv), izgubiti (vo)
Verlobter vere/nik,-nica
verschiedene razn/i, -e, -a
Versicherung osiguranje
verspäten, sich kasniti (uv), zakasniti (vo)
verstehen razumeti
Vertrag dogovor
viele mnog/i, -e, -a
vielleicht možda
Viertel četvrt (w)
Vogel ptica
Volk narod
voll pun, -a, -o
vorbereiten pripremati (uv), pripremiti (vo)
vorgestern prekjuče
Vormittag prepodne
vorne, vorwärts napred
Vorsicht pažnja
vorsichtig oprez/an, -na, -no

W

Wagen kola (s Mz)
Wahrheit istina
Wald šuma
Ware roba
warm topao, topl/a, -o
warten čekati
Warteraum čekaonica
Waschbecken umivaonik
waschen prati (uv), oprati (vo)
Wasser voda
Wasserhahn slavina
wechseln menjati (uv), promeniti (vo)
Wechselstube menjačnica
wecken buditi (uv), probuditi (vo)
Weg put
wehtun boleti
weil jer, zato što, pošto
Wein vino
weinen plakati
weit (weg) dalek, -a, -o
welcher koj(/i), -a, -e
wenig malo
wenn (Bedingung) ako; **(zeitl.)** kada
werden postajati (uv), postati (vo)
Werkstatt radionica
Werkzeug alat
Wert vrednost (w)
wessen čij/i, -a, -e
Westen zapad
Wetter vreme
wichtig važ/an, -na, -no
wie (Vergleich) kao
wieder opet
Wind vetar
Winter zima
wissen znati
Woche nedelja, sedmica
wohnen stanovati
Wohnung stan
Wolke oblak
Wolle vuna
wollen hteti
Wort reč (w)
Wörterbuch rečnik
wünschen želeti
wunderbar div/an, -na, -no
Wurst kobasica; **(Brüh-)** viršla

Z

Zahl broj
zahlen plaćati (uv), platiti (vo)
Zahn zub
Zahnbürste četkica za zube
Zahnpasta pasta za zube
zeigen pokazivati (uv), pokazati (vo)
Zeit vreme
Zeitung novine (w Mz)
Zentrum centar
ziemlich prilično
Zimmer soba
Zoll carina
zu (sehr) previše
Zucker šećer
zufrieden zadovolj/an, -na, -no
Zug voz
Zunge jezik
zurück nazad
zurückgeben vraćati (uv), vratiti (vo)
zusammen zajedno, skupa
zustimmen slagati se

A

a und, aber
adresa Adresse
aerodrom Flughafen
ako wenn (Bedingung)
alat Werkzeug
ali aber
ambasada Botschaft
apoteka Apotheke
auto Auto
autobus Bus
autoput Autobahn
avion Flugzeug

B

bagaž Gepäck
bakšiš Trinkgeld
banja Kurort
banka Bank (Geld)
bašta Garten
baviti se sich beschäftigen
bazen Schwimmbad
beba Baby
biber Pfeffer
bicikl Fahrrad
bife Bar
biljka Pflanze
biro Büro
blagajna Kasse
blizu nahe
boca Flasche
Bog Gott
bogat reich
boja Farbe
bojati se sich fürchten
bol Schmerz
bolest Krankheit
bolestan krank
boleti weh tun
bolji besser
bolnica Krankenhaus
boriti se kämpfen
bostan Melone
brada Bart
brak Ehe
brašno Mehl
brat (Mz: braća) Bruder
brdo Berg
breskva Pfirsich
brijati rasieren
brod Schiff
broj Zahl, Nummer
brz schnell
brzina Geschwindigkeit
buditi wecken
bunar Brunnen

C

carina Zoll
celi ganzer
cena Preis
centar Zentrum
cesta Landstraße
cipela Schuh
crkva Kirche
crnogorski montenegrinisch
cura Mädchen, junge Frau
cvet (Mz: cveće) Blume

Č / Ć

čaj Tee
čamac Boot
čarapa Strumpf
čas Stunde
časovnik Uhr
čaša (Trink-)Glas
čekaonica Warteaum
čekati warten
čestitati gratulieren
često häufig
češalj Kamm
četkica: č. za zube Zahnbürste
četvrt Viertel
čiji wessen
činiti machen, tun
čist sauber
čistiti reinigen
čitati lesen
čorba Suppe
čovek Mensch
čuti hören
čuvati behalten, schützen
ćebe Decke
ćerka Tochter
ćuran Truthahn

D

dakle also
dalek weit weg
daljina Entfernung
dan Tag
danas heute
danju tagsüber
dati, davati geben
debeo dick
dečak, dečko Junge, junger Mann
deo (Mz: delovi) Teil
desiti se geschehen
desno rechts
dete, deca (Mz) Kind
devojčica Mädchen
devojka junge Frau

Wörterliste Serbisch – Deutsch

dim Rauch
dinja Honigmelone
divan wunderbar
dnevan täglich
dobar gut
dobijati, dobiti bekommen
doći kommen
dogovor Vertrag
dogovoriti verabreden
dokazati, dokazivati beweisen
dolazak Ankunft
dolaziti kommen
dole unten
dolina Tal
dom Heim
domaći einheimisch
domaćica Hausfrau
domaćin Gastgeber
doneti, donositi bringen
doručak Frühstück
dosadan langweilig
dosta genug
dostaviti, dostavljati liefern
dotaknuti, doticati berühren
dozvola: vozačka d. Führerschein
dozvoliti, dozvoljavati erlauben
drag lieb
drug Freund
drugačije anders
drugi anderer
drukčije anders
drvo Holz, Baum
držati halten
dubina Tiefe
dubok tief
dućan Geschäft, Laden
dug lang
dugme Knopf
dušek Matratze
duvan Tabak
dvorište Hof

E / F

ekser Nagel
eno!, eto!, evo! da (ist es)!
faliti fehlen
familija Familie
ferije Ferien
fešta Party
flaša Flasche
frižider Kühlschrank

G

galama Lärm, Radau
gde wo
gladan hungrig
glas Stimme
glasan laut
glava Kopf
glavni Haupt-
gledati schauen
gljiva Pilz
glup dumm
go (w: gola) nackt
godina Jahr
gorak bitter
gore oben
goreti brennen
gospodin Herr
gospođa Frau (Anrede)
gospođica Fräulein
gost Gast
gostionica Gaststätte
gotov fertig
govedo Rind
govoriti sprechen, reden
grad Stadt, Burg; Hagel
graditi bauen
građanin Bürger
građanka Bürgerin
granica Grenze
grditi schimpfen
grešiti irren
greška Fehler
grlo Hals, Kehle
grožđe (Ez) Weintrauben
grudi Brust, Busen
gubiti verlieren

H

haljina Kleid
hartija Papier
hitan eilig
hladan kalt
hleb Brot
hodati (zu Fuß) gehen
hodnik Korridor
hteti wollen

I

i und
iako obwohl
ići gehen, fahren
igla Nadel
igra Spiel, Tanz
igrati tanzen;
i. se spielen
ili oder
imati haben
ime Name
interesovati interessieren

ipak trotzdem
ispeći backen
ispuniti, ispunjavati ausfüllen
istina Wahrheit
isto auch
istok Osten
izaći hinausgehen, aussteigen
izgledati aussehen
izgubiti verlieren
izlaz Ausgang, Ausfahrt
izlaziti hinausgehen, aussteigen
izlečiti heilen
izlet Ausflug
iznajmljivati, iznajmiti mieten, vermieten
iznenada plötzlich
izračunati rechnen
izvor Quelle
izviniti, izvinjavati entschuldigen

J

jabuka Apfel
jači stärker, lauter
jagnje Lamm
jagoda Erdbeere
jaje Ei
jak stark
jakna Jacke
jako sehr
jasan klar
jastuk Kissen
jedini einzig
jednak gleich
jednom einmal
jednostavan einfach
jeftin billig
jelo Speise
jelovnik Speisekarte
jer weil
jesen Herbst
jesti essen
jezero See
jezik Zunge, Sprache
još noch
juče gestern
jug Süden
jutro Morgen

K

kada als, wenn (zeitl.), wann
kafa Kaffee
kafana Café, Kneipe
kafić Café (schick)
kajsija Aprikose
kakav was für einer
kako wie (Frage)
kamen Stein
kamion Lastwagen
kanap Seil
kao wie (Vergleich)
kaput Mantel
karta Karte
kasa Kasse
kasniti sich verspäten
kasno spät
kašika Löffel
kašljati husten
kazati sagen
kćerka, kći Tochter
kesa Tüte
kiseo sauer
kiša Regen
kišobran Schirm
ključ Schlüssel
knjiga Buch
knjižara Buchhandlung
ko wer
kobasica Wurst
kofa Eimer
kofer Koffer
koj(i) welcher
kokoš Huhn
kola (Mz) Wagen, Auto
kolač Kuchen
koleno Knie
koliko wie viel
komad Stück
komarac Mücke
kompjuter Computer
komšija Nachbar
konac Ende, Faden
konačno endlich
konj Pferd
konoba Kneipe
konobar Kellner
korak Schritt
koristan nützlich
koristiti benutzen
kosa Haar
kost Knochen
koš Korb
koštati kosten (Geld)
košulja Hemd
koža Haut, Leder
kraći kürzer
krađa Diebstahl
kraj Ende
krasti stehlen
kratak kurz
krava Kuh
krčma Kneipe
krenuti, kretati losgehen, -fahren, aufbrechen;
k. se sich bewegen

krevet Bett
kriv krumm
krompir Kartoffel
krov Dach
krst Kreuz
krug Kreis
kruška Birne
krv Blut
kuća Haus;
robna k. Kaufhaus;
kod kuće zu Hause
kući nach Hause
kuda wohin
kuhinja, kujna Küche
kukuruz Mais
kupati: k. se baden
kupatilo Badezimmer
kupe Abteil
kupiti, kupovati kaufen
kupus Kohl
kutija Kiste
kuvati kochen (Speise)
kvar Panne

L

lak leicht
lampa Lampe
laž Lüge
lečiti heilen
leći hinlegen
led Eis (gefrorenes Wasser)
leđa (Mz) Rücken
legati hinlegen
lek Arznei
lekar Arzt
lenj faul
lep schön
leptir Schmetterling
leteti fliegen
leto Sommer
levo links
ležati liegen
lice Gesicht, Person
limenka Dose
list Blatt
ljubav Liebe
ljubazan freundlich
ljudi (Mz) Leute
ljut scharf (Speise)
lomiti brechen
lopov Dieb
lopta Ball
loš schlecht
lubenica Wassermelone
luk: beli l. Knoblauch
luka Hafen

M

mačka Katze
magla Nebel
majica Unterhemd, T-Shirt
majka Mutter
makaze (Mz) Schere
mali klein
malo wenig
manji kleiner
marama (Kopf-, Taschen-) Tuch
marka: poštanska m. Briefmarke
maslac Butter
mastan fett
mati Mutter
med Honig
menjačnica Wechselstube
menjati ändern, wechseln
mesec Mond, Monat
meso Fleisch
mesto Ort, Platz
mešati mischen
metla Besen
minut Minute
mir Frieden
miran ruhig
misao Gedanke
misliti denken, meinen
mišić Muskel
mlad jung
mlada Braut
mladost Jugend
mleko Milch
mnogi viele
mnogo viel
moći können
moguć möglich
mogućnost Möglichkeit
mokar nass
moliti bitten
momak Junge, junger Mann
morati müssen
more Meer
most Brücke
možda vielleicht
mrak Dunkelheit
mreža Netz
mrtav tot
muka Übelkeit
munja Blitz
muškarac Mann
muva Fliege
muzika Musik
muž Ehemann

N

način Art (und Weise)
naći finden;
n. se sich treffen

nadati se hoffen
nalaziti finden;
n. se sich befinden, sich treffen
nameštenik Angestellter
namirnice (Mz) Lebensmittel
naočare (Mz) Brille
napisati schreiben
napolje hinaus
napolju draußen
napraviti machen, herstellen
napred vorne, vorwärts
narod Volk
narodnost Nationalität
naručiti, naručivati bestellen
natočiti eingießen
naučiti lernen, lehren
nazad zurück, (nach) hinten
nažalost leider
nebo Himmel
nedelja Woche, Sonntag
negde irgendwo
nego als (Vergleich)
nekada irgendwann
nekako irgendwie
neko jemand
nekoliko einige
nemački deutsch
neoženjen ledig (Mann)
nesreća Unglück
nešto etwas
neudata ledig (Frau)
nevreme Gewitter
nezaposlen arbeitslos
ni auch nicht
nijedan keiner
nikada nie
niko niemand
ništa nichts
nit Faden
niti auch nicht
nizak niedrig
nizina Tiefland, Ebene
noć Nacht
noću nachts
noga Fuß, Bein
nokat Fingernagel
nos Nase
nositi tragen, mitnehmen
nov neu
novac Geld
novčanik Geldbörse
novine (Mz) Zeitung
nož Messer
nuditi anbieten

O

oba beide
obala Küste
obavestiti, obaveštavati benachrichtigen
običaj Brauch
objasniti, objašnjavati erklären
oblačiti anziehen (Kleidung)
oblak Wolke
obradovati se sich freuen
obrijati rasieren
obrnuto umgekehrt
obući anziehen (Kleidung)
očekivati erwarten
očistiti reinigen
odakle woher
odeća Kleidung
odgovarati antworten
odgovor Antwort
odgovoriti antworten
odjednom plötzlich
odlazak Abfahrt
odličan ausgezeichnet
odlučiti, odlučivati entscheiden
odmor Erholung
odrastao erwachsen
odšlepati abschleppen
ogledalo Spiegel
oko (Mz: oči) Auge
okrenuti, okretati drehen
okrugao rund
okupati se baden
olovka Bleistift
onda dann
onde dort
opasan gefährlich
opasnost Gefahr
opet wieder
oprati waschen
oprezan vorsichtig
oproštaj Abschied
opšti allgemein
opština Gemeinde
ordinacija Arztpraxis
orman Schrank
osećaj Gefühl
osećati, osetiti fühlen
osiguranje Versicherung
osim außer
osoba Person
ostajati bleiben
ostali übrige
ostatak Rest
ostati bleiben
oštar scharf (Messer)
otac Vater
otkuda woher
otok Insel

otprilike ungefähr
otputovati abreisen
otvarati, otvoriti öffnen
ovamo hierher
ovca Schaf
ovde hier
ozbiljan ernst
oženiti se heiraten (als Mann)

P

padati fallen
pakovati packen
paliti anzünden
pametan klug
pansion Pension
pantalone (Mz) Hose
par Paar, ein paar
paradajz Tomate
pare (Mz) Geld
parkiralište Parkplatz
parkirati parken
pas Hund
pasoš Reisepass
pasti fallen
pasulj Bohne
patlidžan Tomate, Aubergine
paziti aufpassen
pažnja Vorsicht
pčela Biene
pecivo Gebäck
peć Backofen
peći backen
pekara Bäckerei
penzioner Rentner
pepeo Asche
pesak Sand
pesma Lied
pešak Fußgänger
pešice, peške zu Fuß
peškir Handtuch
pevati singen
piće Getränk
pijaca Markt
pijan betrunken
piletina Hühnerfleisch
pirinač Reis
pisati schreiben
pismo Brief
pitanje Frage
pitati fragen
piti trinken
pivo Bier
plaćati zahlen
plafon (Zimmer-)Decke
plakati weinen
planina Gebirge
plata Lohn
platiti zahlen
plaža Strand
ples Tanz
plesati tanzen
plitak flach
plivati schwimmen
ploča Platte
pločnik Bürgersteig
po halb
početak Anfang
početi, počinjati anfangen
poći losgehen, losfahren
pod Boden
podne Mittag
pogled Blick, Aussicht
pogledati schauen
pogrešan falsch
pogrešiti irren
pojam Idee, Begriff
pojas Gürtel
pojesti essen
pokazati, pokazivati zeigen
poklon Geschenk
pokret Bewegung
pokvaren kaputt
pola halb
polako langsam (Adv.)
polaziti losgehen, -fahren
poletanje Abflug
policija Polizei
polomiti brechen
polje Feld
poljubac Kuss
polovina Hälfte
pomagati helfen
pomešati mischen
pomisliti denken
pomoć Hilfe
pomoći helfen
ponašati: p. se sich benehmen
ponekad manchmal
poneti mitbringen
ponuditi anbieten
popiti trinken
popraviti, popravljati reparieren
porodica Familie
posao Angelegenheit
poseban besonderer
posećivati besuchen
poseta Besuch
posetiti besuchen
poslastičarnica Konditorei
poslastica Süßspeise
poslati schicken
poslednji letzter
poslepodne Nachmittag
postajati, postati werden
posteljina Bettzeug

postojati existieren
pošta Post
pošten ehrlich
pošto weil
potok Bach
potpis Unterschrift
potreban nötig
potvrditi bestätigen
povesti mitbringen
povrće Gemüse
pozadi hinten
pozajmiti leihen
pozdrav Gruß
pozdraviti, pozdravljati grüßen
poziv Anruf
poznat bekannt
pozorište Theater
pozvati anrufen, einladen
požar Brand
požuriti se sich beeilen
prati waschen
prav gerade, echt
praviti machen, herstellen
pravo geradeaus
prazan leer
praznik Feiertag
pre vor, vorher;
p. nego što bevor
prebivalište Aufenthaltsort
preduzeće Unternehmen
prehlada Erkältung
prekjuče vorgestern
prekosutra übermorgen
prepodne Vormittag
preporučiti, preporučivati empfehlen
prestajati, prestati aufhören
previše zu (sehr), zu viel
prezime Nachname
priča Geschichte
pričati erzählen
prijatan angenehm
prijatelj Freund
prijaviti, prijavljivati anmelden
prilično ziemlich
primati annehmen
primećivati bemerken
primer Beispiel
primetiti bemerken
primiti annehmen
pripremati, pripremiti vorbereiten
priroda Natur
prljav schmutzig
probati probieren
probuditi wecken
pročitati lesen
prodati verkaufen
prodavac Verkäufer
prodavati verkaufen
prodavnica Verkaufsstelle
proizvod Produkt
proleće Frühling
proliv Durchfall
promeniti ändern, wechseln
proslava Feier
prostor Raum
provod Spaß
prozor Fenster
prst Finger
prsten Ring
prtljag Gepäck
ptica Vogel
pun voll
pustiti loslassen
pušač Raucher
pušiti rauchen
put Weg, Reise, Mal
puter Butter
putovati reisen

R

račun Rechnung, Konto
računar Rechner, Computer
računati rechnen
rad Arbeit
radionica Werkstatt
raditi arbeiten, machen
radnik Arbeiter
radnja Geschäft
rado gerne
radost Freude
radovati se sich freuen
rakija Schnaps
ranac Rucksack
rano früh
raskrsnica Kreuzung
rat Krieg
razgledavati, razgledati besichtigen
razglednica Ansichtskarte
razgovarati sich unterhalten
razgovor Gespräch
razlog Grund, Ursache
razni verschiedene
razumeti verstehen
razveden geschieden
reč Wort
rečnik Wörterbuch
reći sagen
red Ordnung
reka Fluss
restoran Restaurant
retko selten
rezervacija Reservierung

riba Fisch
roba Ware
roditelji (Mz) Eltern
rođen geboren
rođendan Geburtstag
rođenje Geburt
roštilj Grill
ručak Mittagessen
ruka Hand, Arm
rupa Loch
ružan hässlich

S

sačuvati behalten, schützen
sada jetzt
sam selbst, allein
samo nur
san Schlaf, Traum
sanduče: poštansko s. Briefkasten
saobraćaj Verkehr
sašiti nähen
sat Stunde, Uhr
sećati se sich erinnern
seći schneiden
sedeti sitzen
sedmica Woche
seljak Bauer
selo Dorf
semafor Ampel
senka Schatten
sestra Schwester
setiti se sich erinnern
sever Norden
shvatati, shvatiti begreifen
siguran sicher
sijalica Glühbirne
sin Sohn
sir Käse
sirće Essig
siromašan arm
sirov roh
sit satt
skidati, skinuti ausziehen (Kleidung)
skoro bald
skrenuti, skretati abbiegen
skup teuer
skupa zusammen
slab schwach
sladak süß
sladoled (Speise-)Eis
slagati se zustimmen
slan salzig
slati schicken
slavina Wasserhahn
sledeći nächster
slediti folgen
slep blind
sličan ähnlich
slika Bild
sloboda Freiheit
slobodan frei
slušati zuhören
služba Dienst
službenik Beamter
smeće Müll
smejati se lachen
smešan lustig
smeštaj Unterkunft
smetati stören
smeti dürfen
snaga Kraft
sneg Schnee
so (2. Fall: soli) Salz
soba Zimmer
sok Saft
spavati schlafen
spomenik Denkmal
spor langsam
sprat Etage
srce Herz
srebro Silber
sreća Glück
srećan glücklich
sredstvo Mittel
srpski serbisch
stablo Baum
stajati stehen
staklo Glas (Material)
stan Wohnung
stanica Haltestelle, Station
stanovati wohnen
star alt
staviti, stavljati stellen, legen
stena Fels
stepenište Treppe
stići, stizati ankommen
sto (Mz: stolovi) Tisch
stolica Stuhl
stomak Bauch
strah Angst
stran ausländisch
strana Seite
stranac Ausländer
strankinja Ausländerin
stvar Ding, Sache
suknja Rock
sunce Sonne
sunčan sonnig
supa Suppe
sutra morgen
suv trocken
svadba Hochzeit
svađati se sich streiten
svagde überall
svaki jeder
svako jeder(mann)

sve alles
sveća Kerze
svetao hell
svetlo Licht
svež frisch
svi alle
sviđati se gefallen
svinja Schwein
svoj eigener
svuda überallhin

Š

šargarepa Karotte
šaren bunt
šećer Zucker
šešir Hut
šibica Streichholz
širok breit
šiti nähen
šlepati abschleppen
šljiva Pflaume
šolja Tasse
šta was
šteta Schaden
šuma Wald

T

tačan richtig, genau
tačka Punkt
tada dann
takav solcher
tako so
takođe auch
taksa Gebühr
taman dunkel
tamo dorthin, dahin
tanak dünn
tanjir Teller
tašna Tasche
teatar Theater
tele Kalb
televizor Fernsehgerät
televizija Fernsehen
telo Körper
tetka Tante
težak schwer
tih leise, ruhig
tikvica Zucchini
tišina Ruhe, Stille
toalet Toilette
točak Rad
točiti eingießen
toliko soviel
topao warm
torba Tasche
trafika Kiosk
trajati dauern
trajekt Fähre
trava Gras
tražiti suchen
trčati laufen
trebati brauchen, sollen
trg Platz
trgovac Kaufmann
truditi se sich bemühen
truo faul, verfault
tu da, hier
tuda dahin
tuđ fremd
tumač Dolmetscher
tuš Dusche
tuširati se duschen
tužan traurig
tužba Beschwerde
tvrd hart

U

ubijati, ubiti töten
učenik Schüler
učiniti machen, tun
učitelj Lehrer
učiti lernen, lehren
ući hineingehen, einsteigen
udarati, udariti schlagen
udati se, udavati se heiraten (als Frau)
udes Unfall
ugao Ecke
ujutro morgens
ukrasti stehlen
ukus Geschmack
ukusan schmackhaft
ulaz Eingang, Einfahrt
ulaziti hineingehen, einsteigen
ulica Straße
ulje Öl
uložak: ženski u. Damenbinde
umetnost Kunst
umivaonik Waschbecken
umoran müde
unutra drinnen, hinein
upaljač Feuerzeug
upoznati, upoznavati kennenlernen
uraditi machen, tun
ured Amt
usna Lippe
uspeh Erfolg
uspeti, uspevati gelingen
uspomena Andenken
usta (Mz) Mund
ustajati, ustati aufstehen
uveče abends

uvek immer
uvo (Mz: uši) Ohr
uzak eng
uzeti, uzimati nehmen

V

van hinaus
vatra Feuer
vazduh Luft
važan wichtig
važiti gültig sein
veče Abend
večera Abendessen
već schon
veći größer
vek Jahrhundert
velik groß
venčavati se heiraten
veoma sehr
verenik Verlobter
verovati glauben
vesti (Mz) Nachrichten
vetar Wind
veza Verbindung
videti sehen
vikati, viknuti schreien
viljuška Gabel
vino Wein
viršla (Brüh-)Wurst
visina Höhe
visiti hängen
visok hoch
više mehr
višnja Kirsche
vlasnik Besitzer
vlažan feucht
voće Obst
voda Wasser
voditi führen, mitnehmen
voleti lieben, mögen
voz Zug
vozač Fahrer
vozilo Fahrzeug
voziti fahren, lenken
vožnja Fahrt
vraćati zurückgeben;
v. se zurückkehren
vrat Hals
vrata (Mz) Tür
vratiti zurückgeben;
v. se zurückkehren
vreća Tüte
vrednost Wert
vreme Zeit, Wetter
vrlo sehr
vrt Garten
vruć heiß
vuna Wolle

Z

zaboraviti, zaboravljati vergessen
zabranjen verboten
zadovoljan zufrieden
zahvaliti, zahvaljivati danken
zajedno zusammen
zakasniti sich verspäten
zakon Gesetz
zaljubiti se sich verlieben
zamak Burg, Schloss
zanimanje Beruf
zanimljiv interessant
zapad Westen
zapaliti anzünden
zar etwa (in Fragen)
zaraditi, zarađivati verdienen
zaspati einschlafen
zastava Fahne
zašto warum
zato darum;
z. što weil
zatvarati, zatvoriti schließen
zaustaviti (se) anhalten
zauzet besetzt
zdrav gesund
zdravlje Gesundheit
zejtin (Speise-)Öl
zemlja Land, Erde
zgodan hübsch
zgrada Gebäude
zid Mauer, Wand
zima Winter
zlato Gold
značiti bedeuten
znati wissen, kennen
zreo reif
zub Zahn
zvati (an)rufen, einladen;
z. se heißen
zvezda Stern
zvoniti klingeln, läuten

Ž

žao: ž. mi je tut mir leid
žedan durstig
želeti wünschen
železnica Eisenbahn
železo Eisen
žena Frau, Ehefrau
ženiti se heiraten (als Mann)
živeti leben
život Leben
životinja Tier
žuriti se sich beeilen

Der Autor

Dragoslav Jovanović wurde 1964 als gesamtjugoslawischer Mischling geboren und ist in Deutschland aufgewachsen. Er lernte als Muttersprache noch das inzwischen ausgestorbene „Serbokroatisch“ und übte es jahrelang fleißig mit Freunden und Verwandten in Kroatien, Serbien und Bosnien-Herzegowina. Er studierte es neben anderen slawischen Sprachen – und ist jetzt eben plötzlich mehrsprachig.